新时代"三农"问题研究书系

农业机械化发展
对中国粮食生产的影响研究

NONGYE JIXIEHUA FAZHAN
DUI ZHONGGUO LIANGSHI SHENGCHAN DE YINGXIANG YANJIU

谢冬梅 ○ 著

西南财经大学出版社
Southwestern University of Finance & Economics Press
中国·成都

图书在版编目（CIP）数据

农业机械化发展对中国粮食生产的影响研究/谢冬梅著.—成都:西南财经
大学出版社,2022.7
ISBN 978-7-5504-5429-3

Ⅰ.①农…　Ⅱ.①谢…　Ⅲ.①农业机械化—影响—粮食—生产—研究—
中国　Ⅳ.①F326.11

中国版本图书馆 CIP 数据核字(2022)第 117961 号

农业机械化发展对中国粮食生产的影响研究
谢冬梅　著

责任编辑:李才
责任校对:王青杰
封面设计:何东琳设计工作室
责任印制:朱曼丽

出版发行	西南财经大学出版社(四川省成都市光华村街 55 号)
网　址	http://cbs.swufe.edu.cn
电子邮件	bookcj@swufe.edu.cn
邮政编码	610074
电　话	028-87353785
照　排	四川胜翔数码印务设计有限公司
印　刷	郫县犀浦印刷厂
成品尺寸	170mm×240mm
印　张	11.5
字　数	212 千字
版　次	2022 年 7 月第 1 版
印　次	2022 年 7 月第 1 次印刷
书　号	ISBN 978-7-5504-5429-3
定　价	68.00 元

前言

"民以食为天"，粮食是人类最基本的生存资料。农业在国民经济中的基础地位，突出地表现在粮食生产上，粮食的有效供给是国家发展的基础。近年来，我国粮食生产连年丰收，粮食供给总体有保障。但是随着人口的增长、城镇化和工业化的快速发展，对粮食的需求刚性增长，抓粮食生产的劲一刻也不能松。习近平总书记强调，要牢牢把住粮食安全主动权，粮食生产年年要抓紧。

影响粮食生产的因素是多方面的，制度变迁、技术进步、要素投入和政策因素等都会影响粮食产量。其中，农业机械对劳动要素的替代对粮食生产具有重要影响。随着工业化和城镇化的不断发展，中国农业劳动力大量转移到非农产业，由此带来农业劳动力季节性短缺和耕地季节性抛荒等问题，严重影响了国家粮食安全。而农业机械替代人工劳动成为粮食生产中不可或缺的投入要素，弥补了农业劳动力短缺给粮食生产带来的不利影响，确保了粮食的稳产保供。

随着粮食产量的不断增长，传统增产因素的外延增量变得有限，粮食实现进一步增产需要依靠科技进步、良种良机和良法等现代农业生产方式。农业机械在稳定粮食生产和提高粮食产量中的作用越来越明显。数据显示，2019 年中国第一产业从业人数为 19 445 万人，比 1978 年减少了近 1/3。同农业劳动力大量减少形成鲜明对比的是中国农业机械化水平不断提高。尤其是 2004 年《中华人民共和国农业机械化促进法》公布实施以来，农机购置补贴等政策支持力度加大，农民购机用机积极性高涨，农机保有量大幅度增长，农机作业水平显著提高。1978 年，中国农业机械总动力为 11 749.90 万千瓦，2019 年增长到 102 758.30 万千瓦，增长了约 7.75 倍；农作物耕种收综合机械化率从 1978 年的 19.66%，增长到 2018 年的

68.56%，增长了约 2.49 倍。农业机械大量参与到粮食生产过程中，不仅节约了农业劳动力，还提高了作业效率，粮食产量实现增长。1978—2019年，中国粮食产量从 30 476.5 万吨增长到 66 384.3 万吨，增长了约 1.18倍，其中，2004—2019 年中国粮食生产更是实现了"十六连丰"，中国人民依靠自身力量端牢了自己的饭碗，实现了粮食基本自给。

但是，中国粮食安全道路依然崎岖。当前，在中国农业劳动力不断减少、资源与环境约束不断增强、全球新冠肺炎疫情造成的粮食进口难度不断加大的情况下，中国粮食供求在很长一段时间内都将处于"紧平衡"状态。要在不确定的环境中实现中国粮食稳产保供，实现从"农业大国"到"农业强国"的转变，农业机械化无疑是重要途径。《中华人民共和国国民经济和社会发展第十四个五年规划和 2035 年远景目标纲要》中指出，要实施粮食安全战略，毫不放松抓好粮食生产，并且要加强大中型、智能化、复合型农业机械研发应用，使农作物耕种收综合机械化率提高到75%。由此可见，提升农业机械化水平也是保障国家粮食安全的一项重要政策抓手。

因此，本书以农业机械化和粮食生产为研究对象，通过分析改革开放以来中国农业机械化和粮食生产的演变过程，探究两者之间的相关关系和具体影响路径，从而搭建农业机械化发展与粮食生产之间的逻辑框架。围绕"农业机械化发展对粮食生产技术效率的影响""农业机械化发展对粮食播种面积的影响""农业机械化发展对粮食产量的影响"三个议题展开实证研究，为提高农业机械化水平、保障国家粮食安全提供现实依据和参考借鉴。

由于能力有限，本书难免存在不足之处，恳请广大读者及专家不吝赐教，以求实现新的提升。

谢冬梅

2021 年 12 月

目录

农业机械化发展对中国粮食生产的影响研究

1 绪论

1.1 研究背景与问题提出

1.1.1 研究背景

改革开放以来，国家层面持续关注粮食安全，高度关注粮食生产，推出了大量政策、法规等以稳定粮食生产，促进粮食增产，使我国粮食综合生产能力得到大幅度提升。截至 2020 年底，我国粮食产量达到了"十七连丰"，粮食产量连续 9 年均保持在 6 亿吨以上。从历史来看，我们任何时刻对粮食安全都不能放松警惕，尤其是在粮食生产形势一片大好的情况下，应未雨绸缪，居安思危。国家正在发展的道路上不断前进。随着人口数量的绝对增加、城镇化和工业化的持续推进，中国粮食需求呈刚性增长。当前，在中国农业劳动力不断减少，资源、环境约束不断增强，全球新冠肺炎疫情造成的粮食进口难度增大的背景下，中国粮食供求在很长一段时间内都将处于"紧平衡"的状态。中国人口世界第一，吃饭问题尤为重要，必须始终绷紧粮食安全这根弦，粮食生产必须年年抓紧。

中华人民共和国成立以来，依靠改善水利条件、改善种子资源和提高化肥使用量等措施，我国实现了粮食产量快速增长（刘景辉 等，2003）[①]。戚世钧、牛彦绍（2000）[②] 认为种子资源的好坏是影响粮食增产的第一要素，具有

[①] 刘景辉，王志敏，李立军，等. 超高产是中国未来粮食安全的基本技术途径 [J]. 农业现代化研究，2003（3）：161-165.

[②] 戚世钧，牛彦绍. 中国粮食生产潜力及未来粮食生产研究 [J]. 郑州粮食学院学报，2000（1）：13-17.

不可替代性。王祖力、肖海峰（2008）[①] 认为，单位化肥使用量的不断增加对粮食增产具有重要作用。但是随着粮食产量的不断增长，传统增产因素的外延增量变得有限，粮食实现进一步增产需要依靠科技进步、良种良机和良法等现代农业生产方式。

农业机械替代人工劳动成为粮食生产中不可或缺的重要投入要素，其在稳定粮食生产和提高粮食产量中的作用越来越明显。1978—2019 年，中国第一产业从业人数占就业总人数的比重从 70.50% 下降到 25.10%。在第一产业从业人数不断减少的背景下，中国农业机械化水平却不断提高。中国农业机械总动力由 1978 年的 11 749.60 万千瓦发展到 2019 年的 102 758.3 万千瓦，增长了约 7.75 倍；1978 年全国农作物耕种收综合机械使用率为 19.66%，而到 2018 年则增长到了 68.56%，增长了约 2.49 倍。农业机械化水平的不断提高弥补了农业劳动力短缺给粮食生产带来的不利影响，1978—2019 年，中国粮食产量在农业劳动力大量减少的背景下依然增长了约 1.18 倍[②]。在粮食生产中，农业机械为提高粮食生产效率提供了动力，从而稳定了粮食生产、提高了粮食产量。白人朴（2011）[③] 认为，农业机械化是提高农业综合生产能力、实现粮食产量增长的重要举措。农业机械化发展对实现粮食增产发挥了巨大作用（张宗毅 等，2014[④]；黄玛兰 等，2018[⑤]）。

2021 年中央一号文件提出要提升粮食和重要农产品供给保障能力，并强调要强化现代农业科技和物质装备支撑，重点关注农业机械化发展。《中华人民共和国国民经济和社会发展第十四个五年规划和 2035 年远景目标纲要》中指出，实施粮食安全战略，毫不放松抓好粮食生产，并且要加强大中型、智能化、复合型农业机械研发应用，使农作物耕种收综合机械化率提高到 75%。由此可见，提升农业机械化水平是保障国家粮食安全的一项重要政策抓手。在此背景下，有必要深入研究农业机械化发展对粮食生产的影响问题，从而在不确

① 王祖力，肖海峰. 化肥施用对粮食产量增长的作用分析 [J]. 农业经济问题，2008（8）：65-68.

② 第一产业从业人员占比、农业机械总动力和粮食产量数据来源于《中国统计年鉴（2020）》；全国农作物耕种收综合机械化水平数据来源于《国内外农业机械化统计资料（1949—2004）》和《中国农业机械工业年鉴（2019）》。

③ 白人朴. 粮食八连增与农业机械化 [N]. 中国农机化导报，2011-12-12（8）.

④ 张宗毅，刘小伟，张萌. 劳动力转移背景下农业机械化对粮食生产贡献研究 [J]. 农林经济管理学报，2014，13（6）：595-603.

⑤ 黄玛兰，李晓云，游良志. 农业机械与农业劳动力投入对粮食产出的影响及其替代弹性 [J]. 华中农业大学学报（社会科学版），2018（2）：37-45，156.

定的环境中找准中国粮食稳产保供的着力点，实现粮食生产高质量可持续发展。

1.1.2　问题提出

农业机械化程度是影响粮食生产的重要因素，对稳定粮食生产和提高粮食产量具有重要意义。但是目前在实际生产中，我国不同粮食品种、不同作业环节和不同地区之间的农业机械化水平存在显著差异，极大制约了粮食综合生产能力的提升。另外，在学术研究中，农业机械化水平的提高是粮食增产的重要原因，此观点已被学术界广泛证实并认可。但是农业机械具体是通过何种路径影响粮食产量的呢？是通过影响作物单产还是播种面积，或者对两者均有影响从而实现粮食增产的呢？对此学术界还没有达成广泛共识。

因此，结合现实问题和科学问题，本书将研究不同粮食作物和不同地区农业机械化水平对粮食生产的影响差异，分析农业机械化对粮食生产的具体影响路径，从而为提高农业机械化水平和促进粮食生产提供政策建议。本书先从农业机械化发展对粮食生产技术效率和播种面积的影响展开研究，然后研究农业机械化发展对粮食产量的作用。另外，农业机械化发展对粮食生产的影响不仅通过提升本地区农业机械化水平来实现，而且其他地区的农业机械化也能够以跨区作业的方式来影响本地区的粮食生产。忽视由农机跨区作业导致的农业机械化对粮食生产的空间溢出效应，将低估农业机械化在粮食生产中的总体贡献力度。据此，本书首先分析了农业机械化发展对粮食生产技术效率的影响；然后，采用线性混合模型研究粮食播种面积与农业机械化的关系；最后，在前两部分研究成果的基础上，分析农业机械化发展对粮食产量的影响，并考虑公路交通基础设施在其中的门槛作用。

1.2　研究目的与研究意义

1.2.1　研究目的

本书以农业机械化和粮食生产为研究对象，通过分析改革开放以来中国农业机械化和粮食生产的演变过程，分析两者之间的相关关系和具体影响路径，从而搭建农业机械化发展与粮食生产之间的逻辑框架。随后围绕"农业机械化发展对粮食生产技术效率的影响""农业机械化发展对粮食播种面积的影响""农业机械化发展对粮食产量的影响"三个议题展开实证研究，为提高农业机械化水平、保障国家粮食安全提供现实依据和参考。本研究希望达到如下目的：

其一，运用空间溢出相关理论，从直接影响及间接影响的角度研究农业机械化发展与粮食生产的关系，从而避免低估农业机械化发展对粮食生产的总影响（直接影响和间接影响之和）。

其二，通过现有文献证实农业机械化水平对粮食产量具有直接影响和空间溢出效应，但是对于何种途径影响粮食产量的解释并不充分。本书结合影响粮食产量的两个重要方向，即粮食生产技术效率、粮食播种面积，探讨农业机械化对其的影响，从而解释农业机械化是通过影响单位粮食产量和播种面积进而影响总产量的问题。

其三，通过测算粮食生产技术效率，从时空两个维度分析农业机械化发展对粮食生产技术效率的影响，从而比较不同时间段和不同空间范围内农业机械化对粮食生产技术效应的影响差异。

其四，利用线性混合模型实证农业机械化发展对粮食播种面积占比的影响，从而比较农业机械化对粮食作物和经济作物的不同影响，以及粮食作物内部和不同地区之间的影响差异。

其五，实证农机跨区作业距离变化对粮食生产带来的影响。通过设置不同的空间权重矩阵，比较不同农机跨区作业距离对粮食产量的空间溢出效应的显著性。同时引入公路交通基础设施在农业机械化对粮食产量的空间溢出效应中的门槛作用，为促进农机跨区作业发展找到突破口。

其六，在上述研究的基础上，得出本书的研究结论，结合以上研究结论给出适宜的方案。

1.2.2 研究意义

本研究的理论意义在于：第一，运用诱致性技术变迁理论、分工和专业化理论、农户行为理论和空间溢出相关理论系统构建农业机械化发展对粮食生产的影响作用机制，丰富了农业机械化影响效应的相关理论成果；第二，具体分析了农业机械化发展对粮食生产技术效率、粮食播种面积和粮食产量的影响作用机制，拓展和丰富了这一领域的研究内容。

本研究具有一定的现实意义：首先，有利于进一步提高不同粮食作物不同生产环节的机械化作业程度。正确认识农业机械化发展对粮食生产的影响作用机制，是提高粮食作物机械化作业的科学依据，从而科学提高不同粮食作物不同生产环节的机械化作业程度。其次，有利于促进不同地区农业机械化水平的区域协调发展。由于自然条件不同，我国不同地域的农业机械化水平存在较大差异。本书通过分析农业机械化发展的区域不平衡问题和农机跨区作业为农业机械化带来的空间溢出效益，试图为农业机械化发展的区域不平衡问题贡献解决方案，即通过农机跨区作业将先进的农机和农技传播到农业机械化水平较低的地区，优化配置农业机械资源，提高农业机械的利用率，从而有利于提高农业机械化的整体水平。最后，有利于保障国家粮食安全。在中国农业劳动力减少、资源约束增强、全球新冠肺炎疫情造成粮食进口难度增大而饲料加工转化用粮需求刚性增长导致的粮食供需矛盾加剧情况下，农业机械实现了对人工劳动的有效替代，提高了生产效率，降低了生产成本，激发了农户的种粮积极性，可有效保障我国的粮食安全。

1.3　研究方法、内容和技术路线

1.3.1　研究方法

为达到研究目的，本书将采用以下方法展开研究：

第一，文献分析法。在开展研究之前，作者系统搜集和整理农业机械化发展对粮食生产影响的国内外相关研究文献，了解、熟悉农业机械化发展和粮食生产的研究现状，从而在总结现有研究成果的基础上提出本研究的创新点以及研究切入点。

第二，逻辑演绎法。本书将现实情况与经济理论相结合，分析农业机械化发展与粮食生产的内在逻辑关系，并从多维度、多视角演绎农业机械化发展对粮食生产的影响的作用机制，具体构建农业机械化通过直接影响和间接影响作用于粮食生产技术效率和粮食播种面积进而影响粮食产量的逻辑框架。

第三，统计分析法。通过查询农业机械化发展和粮食生产的相关历史数据，运用相关统计学方法进行科学整理和计算，从而对农业机械化发展和粮食生产的演化过程进行分析并做出定性判断。

第四，计量经济学分析法。在掌握相关的经济理论和统计资料的基础上，对于经济现象的定性判断还需进一步进行定量检验，而定量检验的主要工具是计量经济学。因此，本书采用了普通最小二乘法、面板固定效应模型和空间计量模型等计量方法对相关研究展开实证分析。

1.3.2　研究内容

本书试图从粮食生产技术效率、粮食播种面积和粮食产量三个角度讨论农业机械化对粮食生产带来的影响，并利用经济学原理分析其内在机理，以此为基础总结我国农业机械化通过哪些方面促进粮食生产，探究农业机械化发展的未来走向，并利用省级、市级面板数据，建立相关模型，验证研究假说。根据研究的方向，本书的研究内容具体分为四个部分。

内容一：通过归纳总结农业机械化发展与粮食生产的历史演变，分析两者之间的逻辑关系。具体从农业机械化水平、农业机械类型和农机跨区作业三个方面分析中国农业机械化发展过程；从粮食生产总体变化、分阶段变化和区域变化三个方面分析中国粮食生产的演变过程。

内容二：基于1998—2018年中国31个省（自治区、直辖市）的面板数据，实证分析农业机械化发展对粮食生产技术效率的影响。首先，从理论上阐述农业机械化对粮食生产技术效率的影响机理；其次，运用随机前沿生产函数模型对粮食生产技术效率进行测度；再次，选择空间静态面板杜宾模型实证农业机械化水平对粮食生产技术效率的直接影响和空间溢出效应；最后，分析其时空维度的差异性。

内容三：基于1978—2018年中国27个省（自治区、直辖市）的面板数据，实证分析农业机械化发展对粮食播种面积的影响。首先，分析利润最大化和家庭福利效益最大化两个目标下农户的种植决策，得出农业机械化对粮食播种面积的影响机理；接着，采用线性混合模型实证农业机械化对粮食播种面积占比的影响，并进一步比较不同粮食作物和不同地区之间的影响差异。

内容四：基于2000—2018年中国280个地、市、州面板数据，实证分析农业机械化发展对粮食产量的影响。首先，利用全国市级面板数据实证研究机械化对粮食产量的直接影响和空间溢出效应；其次，通过设置不同的空间权重矩阵对空间溢出效应距离阈值进行分析；最后，分析公路交通基础设施在农机跨区作业对粮食产量的空间溢出效应中的门槛作用。

1.3.3　技术路线

根据研究方法和研究内容，本研究的技术路线如图1-1所示。

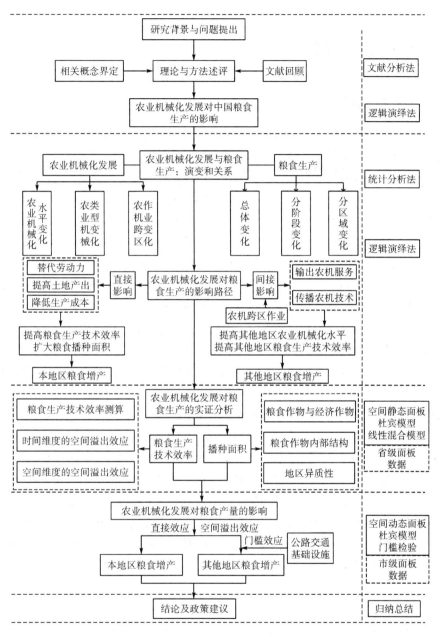

图 1-1　技术路线

1.4 创新与不足

1.4.1 创新

紧密围绕本书的研究目的和研究内容，作者利用省级和市级面板数据进行实证分析，可能的创新有两个方面。

其一，研究视角。①现有研究一致认为农业机械化对粮食增产具有重要作用，但是关于农业机械化对粮食增产的具体影响路径回答较少，而本书以影响粮食产量的两个重要方面为切入点，即通过分析农业机械化与粮食生产技术效率和粮食播种面积相关关系，引出农业机械化对粮食产量的影响的作用机理，从而拓展了相关领域的研究内容。②现有研究主要集中于分析农业机械化对粮食生产的直接影响，忽视了空间因素在农业机械化对粮食生产中的重要作用，而本书基于农机跨区作业的现实背景，将空间因素纳入农业机械化对粮食生产的影响中，从直接影响和空间溢出效应两个角度分析农业机械化对粮食生产技术效率和粮食产量的影响，从而扩大了相关领域的研究视角。

其二，研究方法。①在研究农业机械化发展对粮食生产技术效率的影响问题中，不同于现有文献中按照同一纬度或者同一经度归类的处理方法，而是根据实际情况，采用经纬度组合形式将小麦和稻谷的跨区作业省份进行归类，再进行空间计量回归，使计量结果更接近现实。②不同于现有文献中的处理方法，本书采用线性混合模型来分析农业机械化发展对粮食播种面积的影响，从而能更好地处理农业机械等固定影响因素和地区时间等随机影响因素，减少估计偏差。③本书选择带有解释变量滞后项的动态空间面板杜宾模型研究农业机械化对粮食产量的空间溢出效应，有利于比较农业机械化对粮食产量的短期影响和长期影响，突破了静态空间面板杜宾模型的局限性，从而使研究结果更具有现实的指导意义。

1.4.2 不足

由于资料和数据掌握有限，加上作者时间、精力和能力的局限，本书也存在一定的不足。这主要体现在以下几个方面：

其一，囿于数据资料有限，本书在构建粮食生产方程模型时，参考主流文献的处理方式（乔世君，2004①；王跃梅 等，2013②；李政通 等，2018③），将耕地、劳动力、农机设备及化肥等作为粮食产出的主要影响因素，未在模型中纳入种子、农药等影响要素，可能会导致回归结果存在偏差。因为种子、农药也是影响粮食产出的重要因素，其中良种在粮食增产中的作用可以达到40%以上④。

其二，研究内容中未侧重研究地形因素在农业机械化对粮食生产的影响中的制约作用。当前中国大部分地区的粮食生产在耕地、播种和收割环节已经实现了机械化，小麦实现了机械作业全覆盖。但是在地形坡度较大的地区农业机械的运用水平仍然较低，地形是阻碍机械化进程的重要因素。尽管本研究涉及地形和农业机械化水平的交互项对粮食生产的影响，但是其研究的主题不在于此，仅仅将其作为控制变量之一进行浅显的分析，存在不足。

其三，在研究农业机械化对粮食播种面积的影响问题中，本书是从农户微观视角分析其影响机理的，但是囿于数据资料有限，实证分析过程中使用的是宏观层面的数据。目前由于地形、耕地面积、机械装备水平以及政策等因素的影响，宏观层面的粮食播种面积比较稳定，受农业机械化的影响扩大播种面积面临一些困难。虽然本书采用粮食作物播种面积占农作物总播种面积的比重这一指标对数据进行了优化，但是对问题的诠释仍然显得有些不足。现实中，随着农机装备水平的提高、小型通用机械的推广应用、"藏粮于地、藏粮于技"战略的推进以及高标准农田建设规模的扩大，原来一些不适合种植粮食的丘陵山地也可以扩大种植面积，因此借助农业机械化扩大粮食播种面积在现实中是可行的。

其四，囿于数据资料有限，本书的实证研究仅包含省级和市级面板数据，但是随着农机跨区作业距离的缩短，农业机械化对粮食生产的溢出效应可能仅限于县级范围，使用省级和市级面板数据可能导致高估农业机械化对粮食生产的直接效应，低估农业机械化对粮食生产的间接效应。所以本书得到的关于农业机械化空间溢出效应的结论存在空间范围的局限性。

---

① 乔世君. 中国粮食生产技术效率的实证研究：随机前沿面生产函数的应用 [J]. 数理统计与管理，2004（3）：11-16，64.

② 王跃梅，姚先国，周明海. 农村劳动力外流、区域差异与粮食生产 [J]. 管理世界，2013（11）：67-76.

③ 李政通，姚成胜，梁龙武. 中国粮食生产的区域类型和生产模式演变分析 [J]. 地理研究，2018（5）：937-953.

④ 数据来源于人民政协网：http://www.rmzxb.com.cn/c/2020-12-25/2745975.shtml.

2 理论基础和文献回顾

本章分为三个部分：首先，界定与本书相关的核心概念；其次，介绍本书相关基础理论；最后，梳理农业机械化发展和粮食生产相关研究文献，进行文献述评。

2.1 核心概念界定

2.1.1 农业机械化

1. 农业机械化的内涵

定义"农业机械化"之前，先要对"农业机械"进行界定。在国外，宾斯万格（H. P. Binswanger）（1986）[①] 按照机械化的阶段将农业机械划分为两类，即动力密集型机械和控制密集型机械。动力密集型机械出现较早且较易推广，当劳动力成本上升后，农户最先选择使用动力密集型机械；而控制密集型机械只在劳动工资快速上涨以后才推广使用。动力密集型机械技术应用于灌溉、运输、土地耕作等领域；控制密集型机械技术相对滞后，主要应用于收割、除草等领域。在国内，2004 年颁布实施的《中华人民共和国农业机械化促进法》中对农业机械的定义是："农业机械是指用于农业生产及其产品初加工等相关农事活动的机械、设备。"另外，农业机械服务的特点是：服务对象位置固定，服务环节多样。这就要求农机具有流动能力和专业匹配特性。

根据本书的研究目的和研究内容，本书所称农业机械主要指与种植业相关的机械，具体包括动力机械、耕整地机械、种植施肥设备、田间管理设备、收

---

① BINSWANGER H P. Agricultural mechanization: a comparative historical perspective [J]. The world bank research observer, 1986, 1 (1): 27-56.

割设备、收获后处理设备、排灌设备、农田基本建设设备、设施农业设备等机具。同时，本书研究了农业机械类型在跨区作业中的应用问题，因此需要对农业机械类型进行区分。从数据的可获得性出发，本研究参照《中国农业机械工业年鉴（2019）》的标准，大中型拖拉机主要是动力值超过14.7千瓦的设备，小型拖拉机的动力值分布在2.2千瓦和14.7千瓦之间。

对农业机械定义后就能顺势界定农业机械化的概念。《中国农业百科全书·农业机械化卷》（1992）① 指出："狭义的农业机械化一般指种植业和畜牧业生产过程的机械化，广义的机械化则包括农、林、牧、副、渔各业生产过程，以及产前生产资料准备和产后农副产品装运、贮藏和加工等项作业的机械化。" 2004年颁布实施的《中华人民共和国农业机械化促进法》中关于农业机械化的定义是："农业机械化是指运用先进适用的农业机械装备农业，改善农业生产经营条件，不断提高农业的生产技术水平和经济效益、生态效益的过程。"

根据对农业机械化的定义，本书所说的农业机械化指种植业生产过程中的农业机械化，既包括农户通过自购农机实现机械化，也包括农户购买专业化的农机服务实现机械化。

2. 农业机械化的度量

一般用农业机械化水平表征农业机械化的发展程度。农业机械化水平能衡量农业机械在农业中的普及程度、作用大小及使用效果，是一个系统性概念。主要的表征指标有两个：一个是农业机械总动力，另一个是农作物耕种收综合机械化率。农业机械总动力是从农业机械的动力角度反映农业机械化水平，是一个存量指标；而农作物耕种收综合机械化率是综合反映农业生产环节中农业机械对劳动力的取代程度，能直观反映农业机械实际参与农业生产的程度，是一个动态指标。

2.1.2 粮食

"五谷食米，民之司命也。"粮食是人类维持生存及实现持续发展的必要物质基础。由于地域文化的差异，世界上许多国家、地区及国际组织对粮食概念的界定有所不同。在国外，对粮食的定义具有深远国际影响力的是联合国粮食及农业组织（Food and Agriculture Organization of the United Nations，FAO）的

---

① 中国农业百科全书总委员会农业机械化卷委员会. 中国农业百科全书：农业机械化卷[M]. 北京：农业出版社，1992.

界定，FAO将粮食定义为谷物类，包括麦类、粗粮类和稻谷类三个部分，具体指小麦、稻谷、大麦、玉米、燕麦等在内的17种谷物产品。美国农业部对粮食的定义又不同于FAO，其将稻谷加工后得到的大米作为粮食的一部分，具体包括大米、小麦、玉米、大麦、高粱、燕麦、小米、黑麦及其他混合粮。

在国内，狭义的粮食是指稻谷、小麦、玉米、大麦和高粱等谷物类；广义的粮食包括谷物类、豆类和薯类。由此可见，不同于国外研究对于粮食的定义，中国对粮食的定义更偏向于"粮"的概念。中国的粮食在国外对应的英文单词多为"grain"，FAO所说的"世界谷物产量"在中国往往被译成"世界粮食总产量"。另外，在FAO等国际组织中，大豆不属于粮食作物，而被归为油料作物。这意味着，中国粮食的统计标准和国际粮食统计标准是有差别的。

因此，本研究中粮食指的是稻谷、小麦、玉米、薯类、豆类和其他杂粮。在涉及主要粮食品种比较研究时，主要分析稻谷、小麦、玉米三种粮食品种的情况。选择上述三种粮食品种进行比较分析的原因有以下两点：第一，稻谷、小麦和玉米是中国最主要的粮食作物。2020年中国粮食总产量中稻谷占31.65%，小麦占20.05%，玉米占38.94%；三者占到了总产量的9成以上[①]。第二，相较于薯类、豆类和其他杂粮，稻谷、小麦、玉米的数据获取性更高，且获取数据的时间跨度较长，有利于展开统计分析和实证研究。

2.1.3 粮食生产技术效率

在经济学中，涉及技术效率的大部分研究一致认为，技术效率是特定决策单元综合生产能力的体现。关于技术效率的定义不同学者出于不同的研究目的存在一定的差异，例如王志刚等（2006）[②] 部分学者将技术效率直接定义为"生产效率"，但大部分文献认为技术效率不同于生产效率，其是指通过科学技术的进步为人们提供了更有效的资源使用手段，从而带来的产出成效的提升。

在国外，科普曼斯（T. C. Koopmans）（1951）[③] 最早提出了技术效率的概念，认为在一定的条件下，在维持原产出或原成本的情况下，技术上也不能提

① 数据来源于《国家统计局关于2020年粮食产量数据的公告》。

② 王志刚，龚六堂，陈玉宇. 地区间生产效率与全要素生产率增长率分解（1978—2003）[J]. 中国社会科学，2006（2）：55-66，206.

③ KOOPMANS T C. An analysis of production as an efficient combination of activities [J]. Analysis of production and allocation，1951：225-287.

高产出或缩小成本，定义该投入产出技术有效。德布勒（G. Debreu）（1951）[①]和谢泼德（R. W. Shephard）（1953，1970）[②③] 扩展了科普曼斯的描述，给出了多投入—多产出生产技术效率模型，通过距离函数计算生产单位与生产前沿面的距离。

随后，经济学家法瑞尔（M. J. Farrell）（1957）[④] 第一次从投入的角度明确了生产技术效率的概念，即在固定的生产技术水平和市场价格条件下，按照既定比例投入生产要素，最小成本与实际成本之间的比值，用公式表示为：

$$生产技术效率 = \frac{最小成本}{实际成本} \tag{2-1}$$

而莱本施泰因（H. Leibenstein）（1966）[⑤] 在其著名的《配置效率与 X 效率》一文中，从产出的角度将生产技术效率定义为在投入规模、投入结构和市场价格不变的条件下，所实现的实际产出与所能获得的最大产出之间的比值，用公式表示为：

$$生产技术效率 = \frac{实际产出}{最大产出} \tag{2-2}$$

可以看到，以上两位学者主要通过投入及产出这两个方面来解释生产技术效率的含义，但其本质含义都是指在一定的生产水平条件下实现生产与生产前沿面之间的距离。

因此，本书中的粮食生产技术效率是指在一定的技术效率水平下，粮食实际产出与前沿曲线之间的距离。当粮食生产的实际生产量落在生产前沿面上，表示粮食生产的技术是有效的，反之则无效。在现实中，粮食的实际产出会受到各种非效率因素的影响而落在粮食前沿生产函数的下方，形成粮食平均生产函数（如图 2-1 所示），由此产生了粮食生产技术效率。

① DEBREU G. The coefficient of resource utilization [J]. Econometrica, 1951, 19：273-292.

② SHEPHARD R W. Cost and production functions [M]. Princeton, N. J.：Princeton University Press，1953.

③ SHEPHARD R W. The theory of cost and production functions [M]. Princeton, N. J.：Princeton University Press，1970.

④ FARRELL M J. The measurement of productive efficiency [J]. Journal of the royal statistical society, 1957, 120（3）：253-290.

⑤ LEIBENSTEIN H. Allocative efficiency vs X-efficiency [J]. American economic review, 1966, 56（3）：392-415.

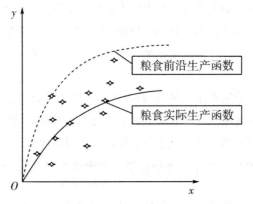

图 2-1 粮食前沿生产函数和实际生产函数

2.1.4 农机跨区作业

农机跨区作业是农业机械化发展和农业社会化服务的成功实践，是指农机手利用不同地区农作物种植、生长、成熟期的时间差，驾驶联合收割机等农业机械跨越地理区域，进行有偿作业服务的活动。中国地域面积辽阔，各地区农作物的种植、生产和成熟期存在显著的时间差，为农机跨区作业提供了天然的条件。农机跨区作业开展社会化服务，统筹了供需双方，破解了"有机无活干"和"有活找机难"的现实窘境，为农户规模经营提供了机械供给，为机械大规模作业找到了目标对象，是中国农业的一个伟大创举。

随着农机跨区作业的持续推广，农机跨区作业的外延和内涵得到不断拓展。农机跨区作业的农作物品种从最初的小麦不断向水稻、玉米等粮食作物和花生、油菜等经济作物扩展；农机跨区作业的环节从最初的机械收割逐步延伸至机械耕种、机械播种和机械插秧等多流程，之后向全程化、一条龙服务转变。

2.1.5 空间溢出效应

经济学中所谓的溢出效应，是指企业或组织在从事生产经营或其他行为时，不仅能获得预期的收益，还对周围环境或个人产生影响。溢出效应的本质其实就是经济学中的外部性问题。外部性的概念是由经济学家马歇尔（A. Marshall）提出的。目前对于外部性概念的界定，大部分学者采用萨缪尔森和诺德豪斯的定义，即"外部性是指那些生产或消费对其他团体强征了不可补偿的成本或给予了无须补偿的收益的情形"①。能够产生溢出效应的经济活动种类繁多，本书重点关注的是基于农机跨区作业视角的农业机械化对生产技术效率及产量的空间溢出效应。

空间溢出效应的含义是溢出效应规律分布在一定的空间上，即企业或组织的行为，不仅会对本地区的组织或企业产生预期的收益，而且会对周边地区的其他组织或企业产生影响。结合本书的研究内容，农业机械化的空间溢出效应具体是指：中国农业机械化在发展过程中获得了自身目标结果的同时，通过农机跨区作业带来的农技和农艺溢出，对"本地区"以及"周边地区"的粮食生产技术效率和粮食产量产生了"额外"影响。

2.2 理论基础

2.2.1 诱致性技术变迁理论

诱致性技术变迁理论也被称为"希克斯-速水-拉坦-宾斯万格假说"，是国际上重要的农业增长理论之一，指基于要素的相对稀缺性和价格变化所诱致的技术选择。希克斯（J. R. Hicks）（1932）②首次提出了"诱致性发明"的概念，即要素相对价格变化直接诱致企业技术提升的发明。希克斯认为，技术创新是在生产要素价格提高后为降低产品成本、提高利润而产生的。希克斯为诱致性技术变迁理论的发展打下了基础，后续学者则提出了该理论的作用机制（何爱 等，2010）③。阿马德（S. Ahmad）（1966）④通过分析归纳资料后，构建了诱致性技术变迁的理论分析框架。宾斯万格（1974）则构建了一个诱致性技术变迁的简易模型，从而为理解诱致性技术变迁理论提供了更为便利的方式。

在上述学者的基础上，速水和拉坦（Y. Hayami & V. W. Ruttan）（1970）⑤将诱致性变迁理论运用到农业生产中，提出了一个完整的诱致性农业技术变迁

① 萨缪尔森，诺德豪斯. 经济学 [M]. 萧琛，等译. 北京：华夏出版社，1999.

② HICKS J R. The theory of wages [M]. London: Macmillan, 1932.

③ 何爱，曾楚宏. 诱致性技术创新：文献综述及其引申 [J]. 改革，2010（6）：45-48.

④ AHMAD S. On the theory of induced invention [J]. The economic journal, 1966, 76（302）：344-357.

⑤ HAYAMI Y, RUTTAN V W. Factor prices and technical change in agricultural development: the United States and Japan, 1880-1960 [J]. Journal of political economy, 1970, 78（5）：1115-1141.

模型，研究了资源禀赋条件在农业要素替代中的作用，分析了生物和化学技术进步和机械技术进步的发展条件，为推动农业的持续增长做出了重要贡献。速水和拉坦认为农业技术进步是内生性技术进步，理性的经营者会通过市场机制来调整要素投入结构，选择价格相对较低、充裕的生产要素替代价格相对较高、稀缺的生产要素。

诱致性技术变迁理论对农业机械化发展的解释有着重要作用。中国农业资源的最初资源禀赋是地少人多、土地要素稀缺、劳动力相对充裕，但是改革开放以来，中国工业化和城镇化进程快速推进，农村劳动力向非农产业转移，劳动力成本上涨，使劳动力价格相比于土地和机械等投入要素的价格更高，从而诱致节约劳动的技术创新和应用，促进了农业机械化发展。农户使用农业机械替代人工劳动的关键是比较两者的成本谁更低，或者收益谁更高（雷纳 等，1967[①]；彭森 等，1981[②]）。因此农业机械化的发展与其他生产要素之间互相影响、互相制约，组成了一个生产方式的动态系统。在这个系统中各个生产要素不断进行优化配置，进而推动生产力的发展，而农业机械化的发展，就是在这种动态过程中实现的。

2.2.2　分工和专业化理论

早在古希腊时代，就出现了分工的概念。柏拉图在《理想国》中提出了职业的专业化，认为"一人而为多数之事，不如一人专心于一事"[③]。后古典经济学的开山鼻祖斯密（A. Smith）（2015）[④] 在《国富论》中首次提出了分工和专业化理论，最早把分工和专业化置于经济学之首。斯密认为，分工是经济增长的主要源泉，同时指出劳动分工提高生产率的三条途径：第一，分工使劳动专业化，从而使工人工作的熟练程度得到提高，实现"干中学"；第二，分工免除了工作转换中的时间损失，实现人力资本积累；第三，分工可以把工人有限的精力集中起来，有利于改进工具和发明机器，实现物质资本积累。但是斯密对于农业中的分工和专业化发展却持不同态度，他认为农业不能像工业那样采用完全分工制度。

---

① RAYNER A J, COWLING K. Demand for a durable input: an analysis of the United Kingdom market for farm tractors [J]. The review of economics and statistics, 1967, 49 (4): 590-598.

② PENSON J B, ROMAIN R F J, HUGHES W. Net investment in farm tractors: an econometric analysis [J]. American journal of agricultural economics, 1981, 63 (4): 629-635.

③ 柏拉图. 理想国 [M]. 唐译, 编译. 长春：吉林出版集团有限责任公司, 2015.

④ 斯密. 国富论 [M]. 胡长明, 译. 重庆：重庆出版社, 2015.

马歇尔（1965）[①] 发展了分工和专业化理论，并用外部经济和内部经济描述了分工经济的产生。同斯密一样，马歇尔也不认为农业中能实现分工和专业化。他认为农业生产的自然属性阻碍了农业分工的实现；另外，土地制度的限制也使农业生产中的劳动分工变得更加艰难。

杨格（A. A. Young）（1928）[②] 动态地发展了斯密关于分工和专业化的思想，他指出，产业之间的不断分工和专业化是报酬递增的主要来源，而迂回生产方式是劳动分工的最重要形式。杨格认为，经济的发展过程就是分工越来越深化的过程，即通过不断增加原始生产要素和最终消费品之间的中间产品和专业化部门，使生产的分工更细、专业化程度更高，从而增加生产的迂回度。而"迂回化生产"是指首先在生产最终消费品之前，先生产生产机器，然后利用这些机器去生产最终消费品，最早是由冯·博姆-巴沃克（E. von Böhm-Bawenk）（1890）[③] 提出的。

杨小凯和张永生（1995）[④] 认为，农业产品的交易效率较低，因此，农业部门会通过购买工业部门生产的机器来改进农业生产的效率，农业机器的使用增加了农业生产迂回度，实现了农业部门的分工经济，其实质则是农业部门"进口"了工业部门的分工经济。同时他们认为，生产机器的工业部门由于其产品交易率高于农产品的交易率，所以分工可以在工业部门不断加深，从而更易实现迂回生产；生产粮食的农业部门虽然可以深化分工，但农业生产的季节性和周期性会使分工的协调费用很高，导致分工在农业部门不容易深化。但美国等发达国家农业发展的实际情况却不符合农业中分工不可能深化的观点（姚寿福，2004）[⑤]。美国经济学家舒尔茨（T. W. Schults）（2017）[⑥] 认为虽然农业部门中的专业化没有工业部门中的多，但是农业部门中仍存在分工和专业化，并以美国为例进行说明。

因此，农业生产的分工和专业化虽然不能和工业生产的分工和专业化相比，但是农业部门可以从工业部门"进口"分工和专业化的好处，即通过购买机器、化肥等工业产品，增加生产的迂回度，不断加深农业生产的专业化程

① 马歇尔. 经济学原理 [M]. 朱志泰，译. 北京：商务印书馆，1965.

② YOUNG A A. Increasing returns and economic progress [J]. Economic journal, 1928, 38 (152)：527-542.

③ VON BÖHM-BAWERK E. A critical history of economic theory [J]. London：Macmillam and Co., 1890.

④ 杨小凯，张永生. 新兴古典经济学与超边际分析 [M]. 北京：社会科学文献出版社，2003.

⑤ 姚寿福. 专业化与农业发展 [D]. 成都：西南财经大学，2004.

⑥ 舒尔茨. 改造传统农业 [M]. 梁小民，译. 北京：商务印书馆，2017.

度。以粮食生产为例，有100个天生相同的人，他们可以选择3种方式从事粮食生产和消费。第一种是100个人全部自己生产粮食供自己消费，没有任何分工行为，导致劳动效率较低。第二种是局部分工，保留80人专业种粮，另外20人专业生产锄头，生产锄头的人将锄头卖给种粮的人以换取粮食消费，而80个专业种粮的人因为使用锄头大大提高了劳动生产率，在种粮劳动力减少背景下依然实现了粮食稳产和增产，从而确保了100个人的粮食消费。此种方式实现了生产锄头和生产粮食的劳动分工，锄头的使用增加了粮食生产的迂回度，提高了粮食生产的专业化水平，从而提高了粮食生产效率。第三种是完全分工，保留20人专业种粮，另外80人中保留一半人专业生产拖拉机，再配备10人专业负责拖拉机的后续服务工作，剩余的人从事其他产品的专业化生产，丰富物质商品的供给。由于拖拉机的使用大大提高20个人的种粮效率，加上专业化种粮加速了经验的积累，熟能生巧的效果进一步提高了种粮效率，20个种粮劳动力养活了100个人。由此可见，农户可以通过购买工业部门的机器，增加农业生产的迂回度，从而"进口"工业部门的分工经济促进农业分工的实现，这一过程便是农业机械化的过程（罗必良，2008）[1]。

综上所述，农业生产中可以实现分工和专业化生产，农业机械替代人工劳动的过程体现了农业分工和专业化水平不断深化的过程。另外，随着分工的深入和专业化水平的不断提高，农业专业化种植程度提高，有利于农业机械的连片操作，从而形成规模经济，降低产品的平均生产成本。

2.2.3 农户行为理论

农户是农业生产的决策者和农业机械的使用者，要深入分析农业机械化对粮食生产的影响，首先必须了解农户的行为逻辑。关于农户行为的研究，不同学者有不同的观点，现有研究主要划分为以下三个学派：

第一，以舒尔茨（2017）[2]为代表的理性小农学派。他认为，小农在传统的农业生产中，具有理性动机，从而实现对资本的合理运用。他强调小农户的行为决策以实现利润最大化为目标，小农户在生产要素配置过程中具有超越阶层的经济理性。具体而言，小农户总是考虑和盘算着以最少的投入生产出更多的产品，使手中的资源得到最优配置，实现帕累托最优的状态。波普金（S.

---

① 罗必良.论农业分工的有限性及其政策含义 [J].贵州社会科学，2008（1）：80-87.

② 舒尔茨.改造传统农业 [M].梁小民，译.北京：商务印书馆，2017.

Popkin）（1979）① 发展了舒尔茨的理论，他认为小农户是理性的个人或家庭福利的最大化者，因而是"理性的小农"。

第二，以恰亚诺夫（A. V. Chayanov）（1967）② 为代表的组织与生产学派。他指出，农户追求的并不是利润最大化，而是最大限度地满足家庭需要，也就是说农户的行为决策是以追求家庭效用最大化为目标。他认为：小农经济是自给自足的自然经济，农户对劳动力在工作和休闲之间的时间分配以家庭效用最大化为依据，当家庭成员将消费需求作为实现效用最大化的目标时，分配到工作的时间会多些；在家庭成员的消费需求得到满足后以闲暇为效用最大化目标时，分配到休闲的时间则会多点。根据恰亚诺夫对小农的界定，利普顿（M. Lipton）（1968）③ 和斯科特（J. C. Scott）（1977）④ 在此基础上发展了农户行为理论，认为贫困小农的最优化目标是生存，因此农户生产决策追求的是风险最小化。

第三，以黄宗智为代表的历史学派。黄宗智（2000）⑤ 在《华北的小农经济与社会变迁》中指出，农户的行为既不是完全理性的，也不是完全非理性的，而是介于两者之间。农户在生产决策过程中由于无法掌握完全信息和缺少外部市场环境，因此只能做出有限理性的行为决策。他认为中国农村经济发展经历了"密集化阶段""过密化阶段"（或者"内卷化阶段"）和"发展阶段"三个层次，其中"过密化"是指在劳动力边际报酬递减的条件下继续投入劳力扩大产出。后黄宗智（2000）⑥ 在《长江三角洲小农家庭与乡村发展》中进一步指出，中国的农村家庭生产是一种"过密化"的生产，而"反过密化"的重要措施是要解决好农业劳动力的非农转移，从而减少传统农业中的劳动力人数。

上述学派从不同视角并依据不同假设条件对农户行为展开研究，结论存在一些不同。但是不管农户是追求利润最大化还是风险最小化，农户行为的最终

---

① POPKIN S. The rational peasant：the political economy of rural society in Vietnam ［M］. Berkeley：University of California Press，1979.

② CHAYANOV A V. The theory of peasant economy ［M］. New York：Oxford University Press，1967.

③ LIPTON M. The theory of the optimising peasant ［J］. The journal of development studies，1968，4（3）：327-351.

④ SCOTT J C. The moral economy of the peasant：rebellion and subsistence in Southeast Asia ［M］. New Haven：Yale University Press，1977.

⑤ 黄宗智. 华北的小农经济与社会变迁 ［M］. 北京：中华书局，2000.

⑥ 黄宗智. 长江三角洲小农家庭与乡村发展 ［M］. 北京：中华书局，2000.

目的都是追求一定条件下的效用最大化。在本书的研究中，农户因为自身比较优势、要素禀赋特征的不同，其行为决策存在差异性。对于土地经营规模较大的农户来说，追求的效用最大化表现为利润最大化，当机械化作业的费用低于人工作业费用时，农户将使用农业机械进行农业生产，从而降低生产成本，再加上经济作物的市场风险过大时农户会倾向于种植易于机械化操作的粮食作物。对于土地经营规模较小的农户来说，追求的效用最大化表现为家庭福利效用最大化，农户出于减少农业劳动时间而增加休息时间的考虑使用农业机械从事农业生产，增加了农户的闲暇时间，进而促使农户更倾向于种植易于机械化操作的粮食作物。

2.2.4 空间溢出相关理论

1. 新经济增长模型中关于空间溢出的理论

新经济增长理论的代表人物是罗默（P. M. Romer）和卢卡斯（R. E. Lucas），他们将知识和专业化的人力资本引入增长模型，强调经济增长不是外部力量，而是经济系统内部要素相互作用的产物。新经济增长理论中关于空间溢出的分析主要是指知识积累过程中的外部性或知识外溢效应，在对现实实际情况做出经验分析的基础上，以新经济增长理论为框架，构建实证模型分析空间溢出作用。另外，新经济增长理论中关于空间溢出的解释并不是一种达成一致的理论，而是由多种观点组成的综合体（张海涛，2017）①。

罗默（1986）②将知识完整纳入经济和技术体系之中，认为知识是经济增长的内生动力，从而建立了内生经济增长模型。罗默提出的知识溢出模型是以阿罗（K. J. Arrow）（1962）③的"干中学"概念为基础的，该模型强调"外部性"在经济增长过程中的重要性。罗默指出，新知识是最为重要的生产要素，具有外部性，从而引起生产的规模收益递增。因此，随着知识的不断积累，知识技能的外部性将为经济增长提供新动力。

卢卡斯（1988）④则认为经济增长的真正源泉是人力资本积累，由此提出

① 张海涛. 丝绸之路经济带交通基础设施建设的空间效应研究 [D]. 长春：吉林大学，2017.

② ROMER P M. Increasing returns to long-run growth [J]. The journal of political economy, 1986, 94 (5): 1002-1037.

③ ARROW K J. The economic implications of learning by doing [J]. The review of economic studies, 1962, 29 (3): 155-173.

④ LUCAS R E. On the mechanics of economic development [J]. Journal of monetary economics, 1988 (22): 3-42.

了人力资本溢出模型。他认为人力资本积累有两种途径：一种是通过正规和非正规的学校教育；另一种是通过实际生产实践中的边干边学。人力资本的溢出效应主要是通过向他人学习或相互学习产生，一个拥有较高人力资本的人会对他周边的人产生更大的积极影响，从而提高周边人的生产效率（安虎森，2003)①。

由此可见，新经济增长理论认为知识和人力资本均具有溢出效应，知识的丰富、人力资本的改善不仅有利于促进本地区的经济增长，还通过空间溢出效应影响周边地区的经济增长。本书研究农业机械化对粮食生产的间接影响，契合了新经济增长理论中对知识和人力资本溢出的观点，即通过农机跨区作业实现了先进农机使用范围的扩大和农技的传播，为农户提供了相互学习的机会，有利于提高周边人的生产效率，从而提高全社会的生产效率。

2. 新经济地理模型中关于空间溢出的理论

空间因素是分析整个空间系统中各因素之间的相互关系的不可或缺的重要因素。地理学第一定律指出，任何事物之间的相关性都与距离有关。一般来说，距离越近，事物间的相关性越强；距离越远，事物间的相异性越显著（托布勒，1970)②。托布勒（1979)③ 认为，传统计量经济模型分析中未考虑空间数据之间的空间关联性，违背了随机抽样、样本独立的基本假设，使模型估计结果出现偏差。地理学第二定律进一步确定了空间要素的重要作用，即空间的隔离造成了事物之间的异质性（安瑟兰，1989)④。因此，在经济学分析中有必要考虑空间因素对经济发展的重要影响。

20 世纪 90 年代以来，以克鲁格曼（P. Krugman)、维纳布尔斯（J. Venables) 和藤田（M. Fujita）等为代表的学者注意到空间因素的重要性，探讨了经济的空间关联关系，以全新的视角研究经济增长问题，从而促进了新经济地理学的不断发展。新经济地理学主要研究了经济活动的空间分布、空间演化等规律，重点分析了空间集聚、空间分异、空间依赖等问题，同时也涉及了空间外部性和溢出效应。克鲁格曼（1991)⑤在《收益递增和经济地理》一文中，

① 安虎森. 区域经济学通论 [M]. 北京：经济科学出版社，2003.

② TOBLER W. A computer movie simulating urban growth in the Detroit region [J]. Economic geography, 1970, 46：234-240.

③ TOBLER W. Smooth pycnophylactic interpolation for geographical regions [J]. Publications of the American Statistical Association, 1979, 74 (367)：519-530.

④ ANSELIN L. What is special about spatial data? Alternative perspectives on spatial data analysis [R]. Santa Barbara, CA：National Center for Geographic Information and Analysis, 1989.

⑤ KRUGMAN P. Increasing returns and economic geography [J]. Journal of political economy, 1991, 99 (3)：483-499.

将空间因素引入 Dixit-Stiglitz 的垄断竞争模型（D-S 模型）中，建立了中心-外围模型，开创了新经济地理学。中心-外围模型认为在不同的区域之间，由于规模报酬递增、运输成本降低等因素，个别区域发展成为"中心"，其他区域发展成为"外围"。维纳布尔斯（1996）[①] 在产业"投入-产出"假设上建立了国际专业化模型，与中心-外围模型具有异曲同工之处，即认为在运输成本等因素的影响下会形成产业集聚，从而吸引产业上下游企业进入产业集聚地。藤田等（1999）[②] 进一步将规模经济、运输成本和要素流动纳入空间分析框架，在非竞争均衡模型下探讨区域经济发展的规模收益递增问题。

新经济地理学认为，考虑空间因素的影响，生产活动倾向于集中在市场需求较大的区域，形成经济活动的空间集聚，实现了规模报酬递增，从而降低了生产活动中的各项成本。另外，空间距离的缩短带来运输费用的减少，进一步降低生产成本，由此吸引更多的生产活动主体，空间集聚的规模不断扩大。生产活动集聚，促进了信息的交流和技术的扩散，由此带来了知识和技术的空间溢出效应。

2.3　文献回顾

通过梳理相关研究文献，我们将主要内容归纳为以下几个方面：第一是关于农业机械化发展的研究，内容涉及农业机械化的内涵、影响因素和影响作用；第二是关于农业机械化与粮食产量的研究；第三是关于农业机械化与粮食生产效率的研究，其中具体内容涉及粮食生产技术效率；第四是关于农业机械化与粮食播种面积的研究；第五是关于农机跨区作业与粮食生产的研究，具体内容涉及关于农机社会化服务、农机跨区作业及农机跨区作业对粮食生产的空间溢出效应研究；第六是文献述评。

2.3.1　关于农业机械化发展的研究

党和国家一直高度重视农业机械化发展。早在 1959 年，毛泽东同志就提

---

① VENABLES J. Equilibrium location of vertical linked industries [J]. International economic review, 1996, 37 (2): 341-360.

② FUJITA M, KRUGMAN P, VENABLES J. The spatial economy: cities, regions and international trade [M]. Cambridge, Mass: MIT Press, 1999.

出"农业的根本出路在于农业机械化"（白人朴，1992）[①]。邓小平同志（1990）[②] 指出，中国社会主义农业改革和发展分两步走，其中机械化水平是一个重要的助力条件，即要因地制宜、因人制宜地实现一定规模的农业机械化。2004—2021 年，中央一号文件除 2011 年外其余 17 年均持续关注农业机械化发展问题[③]。政府对农业机械化发展的重视也激发了学术界对农业机械化发展的研究热情，学术界在农业机械化的内涵、影响因素和影响效应等方面都做了大量研究，形成了可观的研究成果。

1. 关于农业机械化内涵的研究

农业机械化不是一个一成不变的概念，而是动态变化的，其含义随着技术、经济和社会的发展而不断扩充和深化。刘超（2002）[④] 认为，农业机械化即结合前沿的机械及生物技术实现设备对人畜力及手动工具的替换，形成新的耕作模式、技术研究及工业对农业反哺，深挖农产品价值。杨敏丽等（2005）[⑤] 认为，农业机械化就是农业机械逐渐替代人工劳动力的过程，一方增多另一方将减少。曹阳和胡继亮（2010）[⑥] 认为，农业机械化就是在农业生产全流程中农业机械对人工的替代程度，而不仅仅是增加农业机械的数量或者减少农业劳动力数量。为此，农户可以通过直接购买农机或者购买农机服务提高农业机械对人工劳动的替代程度。白人朴（2011）[⑦] 认为应结合中国特色农业机械化体系，使用先进适用的农业机械装备农业，从而改善农业的生产经营条件。江泽林（2018）[⑧] 认为，农业机械化的含义及发展方向应随着技术的进步和农业的发展动态改变，农业机械的应用应包括生产、加工、运输、存储等各个环节，应用范围从生产过程中的耕收环节向生产前的种子加工机械化环节及生产后的深加工等环节延伸。

---

① 白人朴. 重新学习和正确理解"农业的根本出路在于机械化"[J]. 农业机械学报，1992（1）：108-110.

② 中共中央文献研究室. 邓小平年谱：上册 [M]. 北京：中央文献出版社，2004：641-642.

③ 2011 年中央一号文件主要关注的是"三农"领域中水利建设问题，对其他领域几乎没有涉及。

④ 刘超. 农业机械化的系统分析 [J]. 江西农业大学学报（自然科学版），2002，24（5）：707-710.

⑤ 杨敏丽，白人朴，刘敏，等. 建设现代农业与农业机械化发展研究 [J]. 农业机械学报，2005（7）：68-72.

⑥ 曹阳，胡继亮. 中国土地家庭承包制度下的农业机械化：基于中国 17 省（区、市）的调查数据 [J]. 中国农村经济，2010（10）：57-65，76.

⑦ 白人朴. 中国特色农业机械化理论体系研究 [J]. 中国农机化，2011（5）：14-15，24.

⑧ 江泽林. 机械化在农业供给侧结构性改革中的作用 [J]. 农业经济问题，2018（3）：4-8.

从上述学者对农业机械化的定义来看，随着时间的推移，农业机械化的内涵更加丰富，即从单一环节的农业机械作业到全程全面机械化，从单纯的农业机械堆积到农机服务率。

2. 关于农业机械化影响因素的研究

在农业机械化过程中，存在着许多影响因素。这些影响因素主要包括土地经营规模、劳动力转移、种植结构、农机购置补贴政策和地形条件等。

第一，农业机械化受到土地经营规模的重要影响。传统观念认为，较大的土地经营规模有利于农业机械化的实现（董涵英，1986）[1]。因为土地细碎化会增加机械作业的难度和成本，进而阻碍农业机械化的发展（布莱尔 等，1992[2]；阮 等，1996[3]）。拉坦（2001）[4] 认为，小规模经营对于农机投资的资本有限，机械化难度较大。平阿里（P. Pingali）（2007）[5] 和大冢（K. Otsuka）（2013）[6] 认为机械作业适宜于经营规模较大的农户，小规模农户很难开展大规模的机械作业。但随着农机作业服务的发展，土地经营规模对农业机械化的制约程度不断减弱，土地经营规模不再是农业机械化发展的必要因素。宾斯万格 等（1989）[7] 指出，随着农机出租、农机作业服务的发展，规模经营对农业机械化的限制不断减弱。姚监复（2000）[8] 认为，在美国农业中，资本实现了对劳动力资源的有效替代，推动了农业机械化发展，扩大了农业经营规模；这说明影响农业机械化程度的因素众多，这些因素不仅包括土地经营规模，还包括劳动力和资本的供需关系等。刘凤芹（2006）[9] 认为，农业机械的推广没有

① 董涵英. 土地经营规模与农业机械化 [J]. 中国农村经济, 1986 (8)：50-53.

② BLAREL B, HAZELL P, QUIGGIN P J. The economics of farm fragmentation：evidence from Ghana and Rwanda [J]. World bank economic review, 1992, 6 (2)：233-254.

③ NGUYEN T, CHENG E, FINDLAY C. Land fragmentation and farm productivity in China in the 1990s [J]. China economic review, 1996, 7 (2)：169-180.

④ RUTTAN V W. Technology, growth and development：an induced innovation perspective [M]. New York：Oxford University Press, 2001.

⑤ PINGALI P. Agricultural mechanization：adoption patterns and economic impact [M]. Amsterdam：Elsevier, 2007.

⑥ OTSUKA K. Food insecurity, income inequality, and the changing comparative advantage in world agriculture [J]. Agricultural economics, 2013, 44 (s1)：7-18.

⑦ 宾斯万格, 等. 农业机械化问题和选择 [M]. 中国农业机械学会编辑委员会, 译. 北京：中国财政经济出版社, 1989.

⑧ 姚监复. 中国农业的规模经营与农业综合生产率：访华盛顿大学农村发展所徐孝白先生 [J]. 中国农业资源与区划, 2000 (5)：22-24.

⑨ 刘凤芹. 农业土地规模经营的条件与效果研究：以东北农村为例 [J]. 管理世界, 2006 (9)：71-79, 171-172.

受到土地权属问题引起的土地割裂的影响，通过整体调度土地权属不同的农户可以实现机械设备的统一使用，小规模农户的存在并没有妨碍农业机械化的发展。刘玉梅等（2009）[①]的实证结果表明，土地的经营规模已不是影响大型农机装备的主要因素，可以采用整体作业、统一耕收、分解成果等办法克服小规模对大型农机的不利影响。如今，学术界对土地经营规模影响农业机械化发展的观点达成一致意见，即农业机械化的实施不再取决于土地规模。胡雪枝、钟甫宁（2012）[②]的研究表明，在农户分散、规模较小等情况下，农户依然可以通过非正式的合作，利用农业机械服务，提高农业机械化水平，农户生产决策和生产技术的同质程度很高。在不通过农机作业服务市场的情况下，研发和推广适合小耕地面积的小型农机设备同样可以实现机械化作业（胡凌啸，2017）[③]。

第二，农业劳动力向非农行业的流动是影响农业机械化进程的一个重要因素。埃布尔（M. Abell）、塞地略（P. Cedillo）（1999）[④]认为，农业劳动力向非农行业转移不完全所产生的农业剩余劳动力会制约农业机械化发展。克里希纳斯雷尼（S. Krishnasreni）和通萨瓦黄（P. Thongsawatwong）（2004）[⑤]认为，农业机械化会推动农业劳动力向非农行业流动，同时农业劳动力不断向非农行业转移也会促进农业机械化的发展。杨印生等（2006）[⑥]认为，农业劳动力向非农行业转移造成农业劳动力季节性短缺，加上土地流转后农业经营规模扩大，增加了农业生产对农机的需求，由此促进了农业机械化发展。从劳动力对资本的相对稀缺程度来看，实现机械对人畜力的替换，实现农业机械化，就是实现资本对劳动力的替换。农业劳动力大量向非农行业的转移提高了农业劳动力价格，因此主要农作物在生产过程中需要使用农业机械替代人工劳动（王

---

① 刘玉梅，崔明秀，田志宏. 农户对大型农机装备需求的决定因素分析 [J]. 农业经济问题，2009，31（11）：58-66.

② 胡雪枝，钟甫宁. 农村人口老龄化对粮食生产的影响：基于农村固定观察点数据的分析 [J]. 中国农村经济，2012（7）：29-39.

③ 胡凌啸. 劳动力价格、经营规模与农民机械化需求及选择研究 [D]. 南京：南京农业大学，2017.

④ ABELL M, CEDILLO P. Mechanization in Asia: statistics and principles for success [J]. Agricultural mechanization in Asia, Africa and Latin America, 1999（4）：70-75.

⑤ KRISHNASRENI S, THONGSAWATWONG P. Status and trend of farm mechanization in Thailand [J]. Agricultural mechanization in Asia, Africa and Latin America, 2004（1）：59-66.

⑥ 杨印生，刘佩军，李宁. 我国东北地区农业机械化发展的影响因素辨识及系统分析 [J]. 农业技术经济，2006（5）：28-33.

小兵 等，2016）[1]。纪月清、钟甫宁（2013）[2] 认为，在非农行业就业率提升时，农户对农机服务的需求也将不断提升。

第三，学者们也研究了种植结构对农业机械化的影响。范登柏格（M. M. van den Berg）（2007）[3] 的研究显示，不同农作物使用机械化作业的程度存在显著差异，例如经济作物蔬菜在生产过程中对农业机械的需求量低。张永礼等（2015）[4] 认为，农作物实现机械化作业的难易程度存在差异，玉米播种面积越大越有利于农业机械化的发展，而在水稻机播的发展中，播种面积比重却产生了负向作用。

第四，农机购置补贴政策同样影响着农业机械化的发展。黑柳（T. Kuroyanagi）（1982）[5] 在研究日本的农业政策是如何通过政府支出和政府贷款促进农业装备资本形成的机械化问题中，构建了政府投入与农业机械化发展水平的模型，认为农业机械化资本形成的重要因素是政府的农业支出和贷款。张宗毅等（2009）[6] 认为，一个地区的农机购置补贴力度越大，越能提高这个地区的采购力度，从而提高机械化水平。赵映年等（2014）[7] 认为，在大面积作物全程机械化发展过程中，资金需求问题突出，政府需要加强财政投入才能推进农业机械化快速发展。

第五，学者们较一致地认为地形是影响某些地区农业机械化发展的重要原因。周晶等（2013）[8] 认为，地形通过阻隔效应对农业机械化水平区域差异产生影响，主要是因为山地区域农机难以到达、使用难度大，同时山区的交通等

① WANG X B, YAMAUCHI F, OTSUKA K, et al. Wage growth, landholding, and mechanization in Chinese agriculture [J]. World development, 2016, 86 (5): 30-45.

② 纪月清，钟甫宁. 非农就业与农户农机服务利用 [J]. 南京农业大学学报（社会科学版），2013, 13 (5): 47-52.

③ VAN DEN BERG M M, HENGSDIJK H, WOLF J, et al. The impact of increasing farm size and mechanization on rural income and rice production in Zhejiang Province, China [J]. Agricultural systems, 2007, 94 (3): 841-850.

④ 张永礼，陆刚，武建章. 基于 MIV 和 GA-BP 模型的农业机械化水平影响因素实证分析 [J]. 农业现代化研究，2015, 36 (6): 1026-1031.

⑤ KUROYANAGI T. Economic effects of government investment in farm mechanization: a Japanese experience [J]. Journal of the faculty of agriculture, 1982, 60 (4): 353-383.

⑥ 张宗毅，周曙东，曹光乔，等. 我国中长期农机购置补贴需求研究 [J]. 农业经济问题，2009, 30 (12): 34-41.

⑦ 赵映年，游天屹，吴昭雄，等. 政府对农业机械化投资规模分析：以湖北省为例 [J]. 农业技术经济，2014 (5): 67-73.

⑧ 周晶，陈玉萍，阮冬燕. 地形条件对农业机械化发展区域不平衡的影响：基于湖北省县级面板数据的实证分析 [J]. 中国农村经济，2013 (9): 63-77.

基础设施建设受地势影响较大，进而限制农机和农机作业服务。王艳、周曙东（2014）① 认为，农机设备在地势平坦的区域更容易普及，不同地域的农业机械化水平的差异主要是地形条件导致的。蔡键等（2017）② 认为，地形条件将直接影响一个地区使用哪种农机设备：在平原地区，地势开阔平整，使用大型农业机械更易于形成规模经济；在丘陵地带，地势起伏，大型机械使用不便，中小型机械效率更高；在山区，地形起伏变化大，大、中型机械都不适宜，小型设备才能有效作业。

3. 关于农业机械化的影响和作用研究

农业机械化发展后会对农民、农村和农业产生影响——主要涉及其收入、劳动力外流和农业生产。

第一，农业机械化对农民收入的影响。莱瓦（F. R. Leiva）和莫里斯（J. Morris）（2001）③ 的研究表明，不断提高农业机械化水平，降低生产成本，可以提高农民的经济收益。竹岛（H. Takeshima）等（2013）④ 觉得，农业机械化可以更有效地降低劳动力成本，而不是扩大耕地面积。在这种情况下，有效的机械化政策可以通过降低生产成本来提高小农户的收入。李谷成等（2018）⑤ 认为，大量农业劳动力外流进入其他行业，使农民获得农业收入以外的收入。唐林等（2021）⑥ 认为，农业机械化服务通过三个路径影响农户收入。首先是直接效应。农机服务能够提高生产效率，减少劳动时间，节约农业生产劳动成本，从而提高农业生产产出。其次是替代效应。农业机械替代劳动可以释放更多的农业劳动力，让其从事非农产业，从而增加非农收入。最后是技术进步效应。农机服务能够实现资本替换劳动，资本要素引起的生产效率的提高大于劳动要素对生产效率的提高。农业机械化对农户的增收作用更多是替

① 王艳，周曙东. 花生种植户机械化技术采纳行为实证分析 [J]. 南京农业大学学报（社会科学版），2014，14（5）：106-112.

② 蔡键，唐忠，朱勇. 要素相对价格、土地资源条件与农户农业机械服务外包需求 [J]. 中国农村经济，2017（8）：18-28.

③ LEIVA F R, MORRIS J. PH—postharvest technology：mechanization and sustainability in arable farming in England [J]. Journal of agricultural engineering research, 2001, 79（1）：81-90.

④ TAKESHIMA H, NIN-PRATT A, DIAO X. Mechanization and agricultural technology evolution, agricultural intensification in Sub-Saharan Africa：typology of agricultural mechanization in Nigeria [J]. American journal of agricultural economic, 2013, 95（6）：1230-1236.

⑤ 李谷成，李烨阳，周晓时. 农业机械化、劳动力转移与农民收入增长：孰因孰果？ [J]. 中国农村经济，2018（11）：112-127.

⑥ 唐林，罗小锋，张俊飚. 购买农业机械服务增加了农户收入吗：基于老龄化视角的检验 [J]. 农业技术经济，2021（1）：46-60.

代效应而非直接增加农业产出带来的。

第二，农业机械化对劳动力向非农行业流动的影响作用。一部分学者认为农业机械化不利于劳动力向非农行业流动。阿希图夫（A. Ahituv）等（2002）[①] 发现，非农劳动与农业资本之间存在着显著的负相关关系，农业资本投资由于受到大量信贷补贴而得到加强，阻碍了农民寻求非农行业就业机会；而保持资本存量不变会增加农民的非农劳动。纪月清（Y. Q. Ji）等（2011）[②] 认为：一方面，在机械服务市场中，农民通过小型设备投资和劳动力投入的相互补充，缩短他们的非农就业时间；另一方面，由于市场机械的替代效应，非农就业的增加更有可能减少拥有小型机械的可能性。部分学者认为农业机械化促进了农业劳动力流动。祝华军（2005）[③] 认为，农业机械化发展有助于推动农业劳动力向非农行业流动，即农业剩余劳动力的转移需要农业机械化的支撑，同时农业机械化推进要与农业劳动力转移保持协调。章磷等（2013）[④] 的研究表明，伴随农业机械化的持续推进，农业对劳动力的需求不断减少，向非农行业流动的劳动力数量变得更多。

第三，农业机械化对农业生产的作用及影响。杨敏丽（2003）[⑤] 在研究农业机械化和提高农业国际竞争力问题中发现，农业劳动生产率可以通过机械化得到极大提升。随着农业机械化的不断推进会不断产生新的需求及新的知识、新的技术，从而加快农业技术的迭代，增加收益，加快农业现代化步伐，促进经济发展，增强农业竞争能力。卡马雷纳（E. A. Camarena）等（2004）[⑥] 以墨西哥五个种植小麦和高粱的大农场为例研究拖拉机等机具所需的工作天数和随时间变化的价值观对机械成本的影响，发现提高农业机械的使用密度，能实现农业生产价值最大化。陈伯骐（P. C. Chen）等（2008）[⑦] 采用中国 29 个省

① AHITUV A, KIMHI A. Off-farm work and capital accumulation decisions of farmers over the life-cycle: the role of heterogeneity and state dependence [J]. Journal of development economics, 2002, 68 (2): 329-353.

② JI Y Q, ZHONG F N, YU X H. Machinery investment decision and off-farm employment in rural China [J]. China economic review, 2011.

③ 祝华军. 农业机械化与农业劳动力转移的协调性研究 [J]. 农业现代化研究, 2005 (3): 190-193.

④ 章磷, 王春霞. 人口、机械化与农村剩余劳动力流量研究: 以大庆市为例 [J]. 农业技术经济, 2013 (7): 27-33.

⑤ 杨敏丽. 中国农业机械化与提高农业国际竞争力研究 [D]. 北京: 中国农业大学, 2003.

⑥ CAMARENA E A, GRACIA C, SIXTO J M C. A mixed integer linear programming machinery selection model for multifarm systems [J]. Biosystems engineering, 2004, 87 (2): 145-154.

⑦ CHEN P C, YU M M, CHANG C C, et al. Total factor productivity growth in China's agricultural sector [J]. China economic review, 2008, 19 (4): 580-593.

份的面板数据，采用最大似然估计方法分析了 1990—2003 年影响中国农业全要素生产率提高的主要原因及其组成部分，并指出政府在农业减税、研发、基础设施建设、机械化等公共投资方面给农业技术的进步提供了极大的助力。王新利、赵琨（2014）[①] 认为：从短期来看，农业机械化对农业经济增长的作用较弱，农机设备投入较大，回报周期较长；从长远发展来看，农业机械化的持续推进对经济增长具有长期的促进作用。

此外，农业生产中，农业机械化对粮食生产的影响也是学者们研究的热点，我们将在下一小节对其进行单独讨论。

2.3.2　关于农业机械化与粮食产量的研究

在粮食生产过程中，使用农业机械对土地产出率和劳动生产率都会有一个质的提升，从而促进粮食产量的不断增长。关于农业机械化能够提高粮食产出的问题，早期有学者持怀疑态度。刘运梓、宋养琰（1980）[②] 认为：农业机械化在扩大粮食播种面积、节约劳动力方面效果比较明显，但在许多情况下，农业机械化对于粮食产量的增加，作用效果并不十分明显；为充分发挥中国幅员辽阔、资源和人力丰富的优势，应大力发展生物化学技术，农业机械化在相当长的时期内只能有选择地进行。罗象谷（1985）[③] 认为：农业生产的投入会随着农业机械化的推进持续增多，加大农业生产成本，使农业生产效益逐步降低，在农业生产中只能适度使用农业机械；我国农业生产效益更适合通过生物技术提升，而不是依靠设备技术。罗敏、曾以禹（2012）[④] 认为：在技术进步的基础上保持农业生产增长，发展资源节约型、环境友好型两型农业；在这一过程中，农业机械化对产量具有规模效益递减效应。程明等（2013）[⑤] 认为，农业机械化对粮食生产的促进作用有限，在中国现有的家庭联产承包责任制下，耕地小块分割，无法充分发挥农业机械的规模化作业优势，加上生产性农田地势及种类多元化，发布的农业机械化标准也不同，这些都使得农业机械化

① 王新利，赵琨. 黑龙江省农业机械化水平对农业经济增长的影响研究 [J]. 农业技术经济，2014（6）：31-37.

② 刘运梓，宋养琰. 农业机械化是农业现代化的核心和基本内容吗？[J]. 社会科学辑刊，1980（4）：60-64.

③ 罗象谷. 农业机械化是农业的根本出路吗？[J]. 中国农村经济，1985（7）：43-45.

④ 罗敏，曾以禹. 两型农业背景下的粮食生产：以贵州为例 [J]. 农业技术经济，2012（10）：52-58.

⑤ 程明，李明亮，陈振环，等. 农业机械化对我国粮食产量影响的实证研究 [J]. 广东农业科学，2013，40（18）：198-201，219.

不能持续地提高粮食产量。

伴随城镇化和工业化的持续推进，农业劳动力持续流动到其他行业。在农业劳动力流失的背景下农业机械化对粮食产量的增长贡献得到了学术界的一致认可。帕克（W. N. Parker）和克莱因（J. Klein）（1966）① 在研究 1840—1860 年和 1900—1910 年美国粮食生产的生产效率时，发现在小麦的生产率增长中机械化贡献占比接近 60%。速水佑次郎和拉坦（2014）② 指出：1880—1960 年，美国农业通过机械化的推进贡献了生产率 70% 以上的增长；发达国家和发展中国家对化肥以及农机设备的投入引起的劳动生产效率差别达到了 30%。彭代彦（2005）③ 认为，在水稻生产中人力、畜力的投入增加可有效提升土地的使用率，所以机械设备对人力、畜力的代替对土地的使用率也会有积极的作用。贾南德拉（S. Gyanendra）（2006）④ 认为小麦产量较高的地区的机械化水平也较高，但是由于土地面积较小和资本资源有限，印度地区的小规模生产和边远农民在使用机械方面受到了限制，影响了生产率的提高。戈林（D. Gollin）等（2014）⑤ 通过研究 80 个国家的粮食生产效率后指出，生产效率的不同主要是由农业机械化等引起的。贝宁（S. Benin）（2015）⑥ 认为，农业机械化减少了单位劳动力的投入，提高了生产率，降低了劳动时间，从而增加了产量。山内（F. Yamauchi）（2016）⑦ 认为，在印度尼西亚，为解决劳动力成本上涨问题，大部分农民会扩大种植规模和选择用机械替代人工劳动，从而大型农场比小型农场更具有优势。黄玛兰等（2018）⑧ 认为，自 2004 年开始实施农机具采购补贴政策以来，农机设备装机量大幅增长，更多的劳动力得到释

---

① PARKER W N, KLEIN J L V. Productivity growth in grain production in the United States, 1840-1860 and 1900-1910 [C] // BRADY, ed. Output, employment, and productivity in the United States after 1800. New York: Columbia University Press, 1966: 12-27.

② 速水佑次郎，拉坦. 农业发展国际前景 [M]. 吴伟东，等译. 北京：商务印书馆，2014.

③ 彭代彦. 农业机械化与粮食增产 [J]. 经济学家，2005（3）: 50-54.

④ GYANENDRA S. Estimation of a mechanization index and its impact on production and economic factors-a case study in India [J]. Biosystems engineering, 2006, 93（1）: 99-106.

⑤ GOLLIN D, LAGAKOS D, WAUGH M E. Agricultural productivity differences across countries [J]. American economic review, 2014, 104（104）: 165-170.

⑥ BENIN S. Impact of Ghana's agricultural mechanization services center program [J]. Agricultural economics, 2016, 46（S1）: 103-117.

⑦ YAMAUCHI F. Rising real wages, mechanization and growing advantage of large farms: evidence from Indonesia [J]. Food policy, 2016, 58: 62-69.

⑧ 黄玛兰，李晓云，游良志. 农业机械与农业劳动力投入对粮食产出的影响及其替代弹性 [J]. 华中农业大学学报（社会科学版），2018（2）: 37-45，156.

放，从而有利于提高粮食生产效率，促进粮食生产。周振、孔祥智（2019）[①] 为解决机械化与粮食生产间的内生性问题，选择将外生农机购置补贴政策作为重要自变量，研究其对粮食产出的影响，对解决内生性问题提供了参考。

一般通过提高粮食单产，增加播种面积，调整耕种结构来实现粮食增产，那么农业机械化对粮食产量的影响具体是通过何种路径产生的呢？通过查询相关文献得出，单位面积粮食产量提高是我国粮食增产的主要因素（林毅夫，1995[②]；朱晶 等，2013[③]）。所以一部分学者认为，农业机械化通过提高粮食单产水平影响粮食产量。田甜 等（2015）[④] 通过构建粮食单产的 C-D 生产函数模型研究粮食单产水平的影响因素。结果表明，农业机械化水平的提高是粮食单产提高的一个重要原因。罗锡文 等（2016）[⑤] 认为，农户使用农业机械对土地进行更深层次的耕作，可以实现生产资料的有效利用，建立作物高效的生长环境，提高土地单位产量。但另一部分学者却认为农业机械化不能提高粮食单产水平。刘凤芹（2006）[⑥] 认为：农业机械化可以使农户耕种更多的土地，从而通过扩大土地经营规模提高粮食产量，但是农业机械化并没有提高粮食单产水平，影响粮食单产的因素是自然资源、种子资源等，不是机械使用或机械使用程度等因素；劳动要素的使用率可以通过机械化提升，通过更多使用机械提高单位耕作效率，可以进一步扩大土地的经营规模。

由此可见，对于农业机械化对粮食产量的具体影响路径问题，不同学者存在不同意见。因此，有必要对其展开具体分析。而粮食生产效率是衡量粮食单产投入-产出变量关系的关键指标，在下面的章节中我们将详细梳理关于农业机械化与粮食生产效率和粮食播种面积的相关研究，以期在总结前人研究的基础上，寻找本书的研究突破点。

---

① 周振，孔祥智. 农业机械化对我国粮食产出的效果评价与政策方向 [J]. 中国软科学，2019 (4)：20-32.

② 林毅夫. 我国主要粮食作物单产潜力与增产前景 [J]. 中国农业资源与区划，1995 (3)：4-7.

③ 朱晶，李天祥，林大燕，等. "九连增"后的思考：粮食内部结构调整的贡献及未来潜力分析 [J]. 农业经济问题，2013，34 (11)：36-43，110-111.

④ 田甜，李隆玲，黄东，等. 未来中国粮食增产将主要依靠什么？：基于粮食生产"十连增"的分析 [J]. 中国农村经济，2015 (6)：13-22.

⑤ 罗锡文，廖娟，胡炼，等. 提高农业机械化水平促进农业可持续发展 [J]. 农业工程学报，2016，32 (1)：1-11.

⑥ 刘凤芹. 农业土地规模经营的条件与效果研究：以东北农村为例 [J]. 管理世界，2006 (9)：71-79，171-172.

2.3.3 关于农业机械化与粮食生产效率的研究

学术界对农业机械化和粮食产量的关系进行了大量研究。在农业机械化对粮食产量是否存在影响问题上，学者普遍持肯定态度，即农业机械化会影响粮食产量。但是部分学者对于农业机械使用程度对粮食生产效率的作用有不同看法，即粮食生产效率会因农业机械化程度提高而降低。姚树洁（S. J. Yao）等（1998）[1]通过随机前沿生产函数，利用面板数据进行实证分析，发现粮食生产效率因农业机械化程度提高而降低。这个研究结果与传统农业经济学观点相符，生产率的提高可通过精细化耕种的作业方式实现（舒尔茨，2006）[2]，而农业机械在家庭联产承包责任制下的细碎耕地中操作不便，不利于粮食生产技术效率的提高。科埃利（T. J. Coelli）等（1996）[3]认为来自外包的农业机械服务，不同于家庭自用工，服务效率难以保障，可能降低生产效率。蔡键、刘文勇（2019）[4]认为，农业机械社会化服务属于典型的委托代理服务，提供服务的单位或个人容易产生投机行为，主要在于信息不透明可能会发生前端"逆向选择"或后端"道德风险"，进而损害农业生产效率。

另一部分学者则认为农业机械化对粮食生产效率无影响。如伊托（J. Ito）（2010）[5]在研究中国农业生产率地区差异中发现，1991—2004年生物技术进步在中国农业生产增长中占有重要地位，而机械技术对农业产出的贡献影响不大。曾福生、高鸣（2012）[6]认为中国各地区农业受地形和资源禀赋条件的限制，农业机械总动力对粮食生产效率的影响不大。

但是大部分学者认为农业机械化对粮食生产效率的提高是有利的。霍尔莫齐（M. A. Hormozi）等（2012）[7]通过构建随机前沿生产函数，研究机械化对

---

[1] YAO S J, LIU Z N. Determinants of grain production and technical efficiency in China [J]. 1998, 49 (2): 171-184.

[2] 舒尔茨. 改造传统农业 [M]. 梁小民，译. 北京：商务印书馆，2006.

[3] COELLI T J, BATTESE G E. Identification of factors which influence the technical inefficiency of indian farmers [J]. Australian journal of agricultural and resource economics, 1996, 40.

[4] 蔡键，刘文勇. 农业社会化服务与机会主义行为：以农机手作业服务为例 [J]. 改革，2019 (3): 18-29.

[5] ITO J. Inter-regional difference of agricultural productivity in China: distinction between biochemical and machinery technology [J]. China economic review, 2010, 21 (3): 394-410.

[6] 曾福生，高鸣. 我国粮食生产效率核算及其影响因素分析：基于SBM-Tobit模型二步法的实证研究 [J]. 农业技术经济，2012 (7): 63-70.

[7] HORMOZI M A, ASOODAR M A, ABDESHAHI A. Impact of mechanization on technical efficiency: a case study of rice farmers in Iran [J]. Procedia economics and finance, 2012, 1: 176-185.

伊朗水稻生产技术效率的影响，认为采用适当的方法，机械化对水稻生产者的技术效率的影响很大，其中收获阶段的机械化作用效果最显著。陈超等（2012）[①] 的研究结果表明，农业机械化服务可以推动专业化分工，从而提高农业生产各环节的平均生产率，通过学习的正外部性将先进农业技术引入农业生产过程，促进农业生产效率的提高。彭代彦、文乐（2016）[②] 认为在农村劳动力老龄化、女性化的背景下，农业机械化是提高粮食生产效率的主要因素。王小兵（X. B. Wang）等（2016）[③] 的研究表明，农业机械相对于农业劳动力的价格较低，有利于实现农业机械化替代农业劳动力，提高单位产出和农民收入，是粮食生产的发展趋势。田红宇、祝志勇（2018）[④] 认为化肥的使用可以提高粮食产出，但是不能提高要素配置效率，从而无法提高粮食生产技术效率，而提高农业技术效率可以通过机械化和优化资源配置来实现。张博胜、杨子生（2020）[⑤] 认为农村剩余劳动力可结合机械化耕作来提高农业劳动生产率。

也有文献表明，农业机械化可积极促进粮食生产技术效率的提升。乔世君（2004）[⑥] 利用县（市）级数据分析粮食生产技术效率的地域分布及影响因素，表明机械设备使用的增加对提升技术效率有正向作用。张海鑫、杨钢桥（2012）[⑦] 认为，丘陵地带粮食生产中存在劳力投入过饱和的情况，同时耕地面积小、不集中的情况使机械设备的使用处于"进退维谷"状况。针对目前这种状况应提升农地流转及整理的速度，出台更多农业机械采购的补贴政策，提升农机装机量，推动农业生产技术效率的提高。高鸣、宋洪远（2014）[⑧] 的

① 陈超，李寅秋，廖西元. 水稻生产环节外包的生产率效应分析：基于江苏省三县的面板数据 [J]. 中国农村经济，2012（2）：86-96.

② 彭代彦，文乐. 农村劳动力老龄化、女性化降低了粮食生产效率吗：基于随机前沿的南北方比较分析 [J]. 农业技术经济，2016（2）：32-44.

③ WANG X B, YAMAUCHI F, HUANG J. Rising wages, mechanization, and the substitution between capital and labor: evidence from small scale farm system in China [J]. Agricultural economics, 2016, 47（3）：309-317.

④ 田红宇，祝志勇. 中国粮食生产效率及影响因素分析：基于 DEA-Tobit 两步法研究 [J]. 中国农业资源与区划，2018, 39（12）：161-168.

⑤ 张博胜，杨子生. 中国城镇化的农村减贫及其空间溢出效应：基于省级面板数据的空间计量分析 [J]. 地理研究，2020, 39（7）：1592-1608.

⑥ 乔世君. 中国粮食生产技术效率的实证研究：随机前沿面生产函数的应用 [J]. 数理统计与管理，2004（3）：11-16, 64.

⑦ 张海鑫，杨钢桥. 耕地细碎化及其对粮食生产技术效率的影响：基于超越对数随机前沿生产函数与农户微观数据 [J]. 资源科学，2012, 34（5）：903-910.

⑧ 高鸣，宋洪远. 粮食生产技术效率的空间收敛及功能区差异：兼论技术扩散的空间涟漪效应 [J]. 管理世界，2014（7）：83-92.

研究表明，农业机械跨地域使用是粮食生产技术效率具有明显空间收敛表现的重要因素，农业机械跨地域使用将最新的农机设备应用到其他区域，使农机跨区作业成为技术溢出的重要媒介，是粮食生产技术效率存在空间溢出的一种途径和工具。赵鑫等（2020）[1] 认为，农机投入能显著提升小麦生产技术效率，采纳农业机械服务比重越大，小麦生产技术效率也越高，农业机械服务提升小麦生产技术效率的根本动因在于技术引入效应、劳动替代及分工经济。宦梅丽、侯云先（2021）[2] 认为，农业机械服务是推动农业生产效率提升的重要抓手，农业机械服务的使用可以减少由劳动力流失等造成的效率损失，从而提高粮食生产技术效率。

另外，关于粮食生产技术效率的测算方法，不同学者出于不同考虑也有不同的选择。首先，关于粮食生产技术效率分析中采用的生产函数，主要是Cobb-Douglas 函数以及 Translog 函数。赫希比（B. Dhehibi）等（2014）[3] 采用 Cobb-Douglas 生产函数对巴勒斯坦农场的生产技术效率进行测算。实证结果表明，农业劳动力非农转移能显著促进农场粮食作物生产技术效率提高。曾雅婷等（2018）[4] 采用 2000—2014 年省级数据，通过 Translog 生产函数测算了在同一前沿面的粮食生产技术效率，认为机械化水平的提高有利于提高粮食生产技术效率。其次，粮食生产技术效率的详细计算函数，包括非参数情况的包络分析方法（DEA）以及参数下的随机前沿分析法（SFA）。高鸣、马铃（2015）[5] 使用 DEA 方法中最新的 EBM 模型和 Goprobit 模型探究生产技术效率及其关键环节。结果表明，在农业发达省份和东北等地形平坦地区，农业机械化对粮食生产技术效率有积极的正向提升作用。彭超、张琛（2020）[6] 采用随机前沿生产函数模型，分析农机使用程度对粮食生产技术效率的影响。结果显示，农机

① 赵鑫，任金政，李书奎，等. 农机作业服务能提升小麦生产技术效率吗？：基于 2007—2017 年省级面板数据的实证分析 [J]. 中国农业大学学报，2020，25（11）：150-161.

② 宦梅丽，侯云先. 农机服务、农村劳动力结构变化与中国粮食生产技术效率 [J]. 华中农业大学学报（社会科学版），2021（1）：69-80，177.

③ DHEHIBI B, ALIMARI A, HADDAD N, et al. Technical efficiency and its determinants in food crop production: a case study of farms in West Bank, Palestine [J]. Journal of agricultural science & technology, 2014, 16（4）：717-730.

④ 曾雅婷，李宾，吕亚荣. 中国粮食生产技术效率区域差异及其影响因素：基于超越对数形式随机前沿生产函数的测度 [J]. 湖南农业大学学报（社会科学版），2018，19（6）：13-21，36.

⑤ 高鸣，马铃. 贫困视角下粮食生产技术效率及其影响因素：基于 EBM-Goprobit 二步法模型的实证分析 [J]. 中国农村观察，2015（4）：49-60，96-97.

⑥ 彭超，张琛. 农业机械化对农户粮食生产效率的影响 [J]. 华南农业大学学报（社会科学版），2020，19（5）：93-102.

使用程度越高越有利于农户提高粮食生产技术效率。

结合大部分学者的研究成果和实际情况，本书认为农业机械在替代劳动力参与粮食生产过程中，凭借其产生的规模效应和专业化效应能提高粮食生产技术效率。技术效率的空间溢出存在于不同的地域及不同的行业（谢勒，1982[①]；潘文卿 等，2011[②]），生产技术效率具有明显的地域差异，存在空间集聚效应。那么生产技术效率空间集聚的原因何在？农业机械化是否会对粮食生产技术效率产生空间溢出效应？当前学者更多关注农业机械化对粮食生产技术效率的直接影响，没有考虑空间因素，对于农业机械化带来的粮食生产技术效率的空间溢出效应分析较少。

2.3.4 关于农业机械化与粮食播种面积的研究

随着农地流转在全国范围兴起和发展，种植结构"非粮化"和"趋粮化"成为学界议论的焦点。一部分学者认为农户在种植结构调整中会减少粮食作物的播种面积，即"非粮化"。万宝瑞（2014）[③] 认为，随着耕地租用费用、生产要素价格逐步攀高，生产成本持续走高，土地规模经营"非粮化"趋势越来越明显。一部分学者认为农户在种植结构调整中会扩大粮食作物的播种面积，即"趋粮化"。张宗毅等（2015）[④] 认为，在农村劳动力的非农转移及由此引起的农地流转过程中，如果土地流转规模较大，由于非粮作物的劳动生产率相对较低，那么非粮作物种植比例会显著下降。因此，土地流转不一定会导致"非粮化"，在不改变土地使用性质的情况下，经营规模扩大会增强农户种植粮食的意愿。

具体而言，影响粮食播种面积的关键因素中机械化起到何种作用呢？关于此问题，不同的学者也得出不同的研究结论。一部分学者认为农业机械化在播种面积的变化中不是主要因素。杨进等（2018）[⑤] 认为，在粮食生产过程中农机作业服务对播种面积的变化影响不大；相反，不断提高的单位农机使用费用

① SCHERER F M. Inter-industry technology flows in the United States [J]. Research policy, 1982, 11 (4)：227-245.

② 潘文卿，李子奈，刘强. 中国产业间的技术溢出效应：基于 35 个工业部门的经验研究 [J]. 经济研究，2011，46 (7)：18-29.

③ 万宝瑞. 当前我国农业发展的趋势与建议 [J]. 农业经济问题，2014 (4)：4-7.

④ 张宗毅，杜志雄. 土地流转一定会导致"非粮化"吗？：基于全国 1740 个种植业家庭农场监测数据的实证分析 [J]. 经济学动态，2015 (9)：63-69.

⑤ 杨进，吴比，金松青，等. 中国农业机械化发展对粮食播种面积的影响 [J]. 中国农村经济，2018，(3)：89-104.

会减少粮食播种面积和在总播种面积中的比例。

另一部分学者认为农业机械化发展对农户粮食播种面积具有积极的影响，即"趋粮化"。易小燕等（2010）[①] 认为，在耕地流转中，农户更希望利用地势平坦的土地，且利用规模会更大。同时，在地势平坦的土地上农户更愿意进行粮食作业，"非粮化"作业会较少，因为地势平整的土地更适合耕种、灌溉、收割等，有利于机械化作业。应瑞瑶、郑旭媛（2013）[②] 认为，丘陵山区的地势起伏会影响农机设备的使用程度，机械取代劳动力的空间小，农户在劳动机会付出及无法对自然改造的现状下，处于丘陵和山区的农户会更改种植构成、更改生产经营方式，从而导致粮食播种面积减少。张宗毅等（2014）[③] 认为，静态地看，在没有农业机械作为劳动力不足的补充的情况下，粮食播种面积将会下降约 59.6%。科利尔（P. Collier）和德尔康（S. Dercon）（2014）[④] 研究非洲小农在农业增长中的作用时提到，农业机械化的发展客观上要求扩大粮食播种面积。钟甫宁等（2016）[⑤] 认为，经济作物多采用劳动密集型生产方式，机械化作业阻碍较大，所以农业机械化服务组织在面临用工成本增加及用工质量难以保障时，在所服务的作业上会更倾向于那些对人力要求低、机械化需求高的粮食作物；对因为劳动力向非农行业流动而需要农机服务的农户来说，选择合适的农机服务是增加粮食作物生产的重要因素。郑旭媛、徐志刚（2017）[⑥] 认为，在江苏、山东这些以平原为主、耕地比较平坦的地区，机械替代人工劳动的可能性更大，农业机械化水平较高，意味着农户会在粮食作物生产中投入大量的要素，从而导致粮食种植面积的扩大；而在浙江、福建和广东这些以山地丘陵为主、耕地多坡的地区，虽然经济同样发达、农业劳动力机会成本同样高，但是机械替代人工劳动的操作性较难，粮食生产机械化较难推

① 易小燕，陈印军. 农户转入耕地及其"非粮化"种植行为与规模的影响因素分析：基于浙江、河北两省的农户调查数据 [J]. 中国农村观察. 2010（6）：2-10.

② 应瑞瑶，郑旭媛. 资源禀赋、要素替代与农业生产经营方式转型：以苏、浙粮食生产为例 [J]. 农业经济问题，2013，34（12）：15-24，110.

③ 张宗毅，刘小伟，张萌. 劳动力转移背景下农业机械化对粮食生产贡献研究 [J]. 农林经济管理学报，2014，13（6）：595-603.

④ COLLIER P, DERCON S. African agriculture in 50 years: smallholders in a rapidly changing world? [J]. World development, 2014, 63: 92-101.

⑤ 钟甫宁，陆五一，徐志刚. 农村劳动力外出务工不利于粮食生产吗?: 对农户要素替代与种植结构调整行为及约束条件的解析 [J]. 中国农村经济，2016（7）：36-47.

⑥ 郑旭媛，徐志刚. 资源禀赋约束、要素替代与诱致性技术变迁：以中国粮食生产的机械化为例 [J]. 经济学（季刊），2017，16（1）：45-66.

进，农户只能减少粮食播种面积。仇童伟、罗必良（2018）[①] 的研究表明，农业劳动力向其他行业的流动、地权稳定性的提高和农机化的提升，都会让农户更希望种植粮食作物，使种植构成向"趋粮化"转变。张露等（2018）[②] 利用2005—2015年小麦主要产地的地级市面板数据进行研究，发现小麦播种面积增加的主要原因是机械化的不断提升。黄玛兰等（2019）[③] 认为在农机使用过程中粮食作物比经济作物更适合机械使用，农机使用程度的提高增大了粮食作物、大豆的播种面积比例，缩减了棉花、蔬菜等经济作物的种植比例。罗必良（2020）[④] 认为，2003—2019年，中国农业种植结构经历了一个从"非粮化"到"趋粮化"的历史性转变，农机设备使用程度的提升，促进了农业劳动力的非农转移，进一步释放了人口红利；另外，农机设备替换人工劳动不但有利于减少因经营规模产生的"非粮化"影响，同时利用农业土地交易市场优化要素构成，加强整体耕种，从而在改善市场容量的进程中继续优化农业纵向分工。

2.3.5 关于农机跨区作业与粮食生产的研究

农机服务的主要方式是农机跨区作业（农业部农业机械化管理司，2009）[⑤]，农机跨区作业是中国特色农业机械化的重要组成部分。因此，在研究农业机械化发展对粮食生产的影响问题时，不可忽视农机跨区作业对粮食生产的影响。本小节首先对农机社会化服务的相关研究进行梳理，然后对农机跨区作业的相关研究进行归纳总结，最后梳理农机跨区作业对粮食生产影响的相关研究。

1. 关于农机社会化服务的研究

农机社会化服务是农业机械化发展到一定阶段的产物，是在家庭联产承包责任制下中国小规模土地实现农业机械化的可行路径（刘凤芹，2003）[⑥]。向

---

① 仇童伟，罗必良.种植结构"趋粮化"的动因何在？：基于农地产权与要素配置的作用机理及实证研究 [J].中国农村经济，2018，（2）：65-80.

② 张露，罗必良.小农生产如何融入现代农业发展轨道？：来自中国小麦主产区的经验证据 [J].经济研究，2018，53（12）：144-160.

③ 黄玛兰，李晓云.农业劳动力价格上涨对农作物种植结构变化的省际差异性影响 [J].经济地理，2019，39（6）：172-182.

④ 罗必良.小农的种粮逻辑与中国粮食安全策略 [N].粮油市场报，2020-09-15（B03）.

⑤ 农业部农业机械化管理司.农机跨区作业：农机社会化服务的成功模式 [J].中国农民合作社，2009（3）：10.

⑥ 刘凤芹.中国农业土地经营的规模研究：小块农地经营的案例分析 [J].财经问题研究，2003（10）：60-65.

国成、韩绍凤（2007）①的研究表明，农业劳动力的非农转移，使农户兼职得到拓展，农业生产中老人、妇女的占比提高，更多的农业家庭仅通过自家的劳动力不能有效地完成土地经营，从而催生了生产服务环节，而农机社会化服务的出现则满足了小农户对农业机械化的需求，提高了生产效率。宋海英、姜长云（2015）②认为，小麦种植户主要通过农机作业服务来实现机械化耕种，同时不同地区、不同收入群体和不同生产环节对农机作业服务的需求存在显著差异。董欢（2016）③认为，以使用服务为主的农机社会化服务是农业生产社会化分工及专业化的主要体现，解决了小农生产者"农机需求大"与"购买能力小"的问题，拓展了我国农机化发展的空间。纪月清等（2016）④认为，在农村劳动力不断转移的背景下，因为老年人和女性身体素质的局限性，他们无法参与农业生产过程中的很多环节，促使上述农户更加倾向于接纳农机社会化服务。劳动力成本继续提高，各区域农户大范围采用本区或跨区的农机服务进行粮食生产，以摆脱其面对的劳动力成本限制（郭红东 等，2017⑤；张晓波等，2017⑥；张宗毅 等，2018⑦）。

而在国外文献中将农机社会化服务的行为称为农机作业委托（杨印生 等，2004）⑧。钱塞勒（W. J. Chancellor）（1971）⑨对东南亚区域的农机服务进行

① 向国成，韩绍凤. 分工与农业组织化演进：基于间接定价理论模型的分析 [J]. 经济学（季刊），2007（2）：513-538.

② 宋海英，姜长云. 农户对农机社会化服务的选择研究：基于8省份小麦种植户的问卷调查 [J]. 农业技术经济，2015（9）：27-36.

③ 董欢. 农业经营主体分化视角下农机作业服务的发展研究 [D]. 北京：中国农业大学，2016.

④ 纪月清，王许沁，陆五一，等. 农业劳动力特征、土地细碎化与农机社会化服务 [J]. 农业现代化研究，2016，37（5）：910-916.

⑤ GUO H D, JI C, JIN S Q, et al. Outsourcing agricultural production: evidence from rice farmers in Zhejiang Province [C] // AAEA & WAEA Joint Meeting. Agricultural and Applied Economics Association & Western Agricultural Economics Association, 2017.

⑥ ZHANG X B, YANG J, REARDON T. Mechanization outsourcing clusters and division of labor in Chinese agriculture [J]. China economic review, 2017, 43: 184-195.

⑦ 张宗毅，杜志雄. 农业生产性服务决策的经济分析：以农机作业服务为例 [J]. 财贸经济. 2018, 39（4）：146-160.

⑧ 杨印生，郭鸿鹏. 农机作业委托的制度模式创新及发展对策 [J]. 中国农村经济，2004（2）：68-71.

⑨ CHANCELLOR W J. The tractor contractor system in Southeast Asia and the suitability of imported agricultural machinery, agricultural mechanization in Southeast Asia [R]. Farm machinery industrial, 1971: 58-60.

分析，开了农机社会化服务研究的先河。他的研究指出，农业机械设备使用服务是需求方根据条约将自己的农机作业部分或全部交给其他个人或单位用农机来进行。竹中（T. Takigawa）等（2002）[①] 研究了泰国水稻种植的农机社会化服务。研究结果表明：为应对劳动力不足和劳动力老龄化等问题，泰国绝大部分农户选择农机委托服务来进行水稻生产，提供服务的主体主要是中小型农机民间组织以及以大型农机为主的半专业化组织。万德（A. E. Wander）等（2003）[②] 对巴西小型农场如何选择农机服务进行了分析，结果显示小农场主出于交易成本的考虑更倾向于购买农机服务而不是设备，同时通过政策引导成立的农机服务组织不能采用交易成本分析方法。高希（B. K. Ghosh）（2010）[③] 在对印度西孟加拉邦伯德旺地区农业机械化水平的影响因素的研究中发现，灌溉、获得机构信贷、土地保有量等因素对农户选择农机社会化服务有正向影响，年轻一代比老一代更倾向于选择农业社会化服务，即老一代的习俗阻碍了农业机械化。豪苏（N. Houssou）等（2013）[④] 认为，农业社会化服务市场建立在足够的需求、完整的劳动力市场、设备配套和可维修等基础之上，在地域、经济、规则的制约下，像加纳、尼日利亚等国没有发展农机跨区服务的市场条件。

2. 关于农机跨区作业的研究

农业机械设备跨区域使用是农机服务的主要方式之一。在改革开放后，家庭联产承包责任制的实施、农机站的解散、农机服务需求的增加、农机服务有利润空间等原因大大推进了农机跨区服务的扩展，受到了学者的广泛关注。关于农机跨区作业，研究方向主要集中在以下三个方面。

第一，关于农机跨区作业的内涵及重要性。农机跨区作业是指个人或组织利用拥有的各类农机设备跨地域（县级以上地域）作业，并收取一定的服务

① TAKIGAWA T, BAHALAYODHIN B, KOIKE M, et al. Development of the contract hire system for rice production in Thailand, 1: Managerial aspects of contract hire system in Nong Pla Mor Village, Ratchaburi Province [J]. Journal of the Japanese society of agricultural machinery, 2002, 64: 51-59.

② WANDER A E, BIRNER R, WITTMER H. Can Transaction Cost Economics explain the different contractual arrangements for the provision of agricultural machinery services? A case study of Brazilian State of Rio Grande do sul [J]. Teoria e evidencia economica, Passo Fundo, 2003 (11): 10-25.

③ GHOSH B K. Determinants of farm mechanization in modern agriculture: a case study of Burdwan Districts of West Bengal [J]. International journal of agricultural research, 2010, 5 (12): 1107-1115.

④ HOUSSOU N, DIAO X, COSSAR F, et al. Agricultural mechanization in Ghana: is specialized agricultural mechanization service provision a viable business model? [J]. American journal of agricultural economics, 2013, 95.

费用的行为（杨大伟 等，2003）①。杨印生等（2004）② 认为，通过农机跨区作业的模式减小了家庭经营规模小和投资能力弱的影响，克服了区域、行政的限制，使偏远地区的农民能够接触、应用先进的农机，从而实现资源优化配置。薛亮（2008）③ 认为，农机跨区作业是农业发展观念及政策上的重大进步，是一种新的农机使用的社会化服务模式，有利于实现规模化效益，实现了由小规模到大规模、由分散到集中的重大转变，使农业机械的使用规模超过了发达国家的标准。杨进（J. Yang）等（2013）④ 认为，中国人均土地少，可通过专业农户采购联合收割机，实现区域共同使用，有效解决因土地少而出现设备闲置的问题，降低使用成本。曹光乔等（2019）⑤ 认为，我国幅员辽阔，经纬跨度大，具有各种各样的天文特征，农作物生产过程南北差异巨大，有力地推动了农机跨区作业及相关市场的形成。

　　第二，关于农机跨区作业的现状及问题。董洁芳（2015）⑥ 认为，农机跨区作业的距离主要受到成本、服务面积的影响，随着跨区作业人力费用、能源费用的提高，单位面积服务费用上升，为获得更高的收益，跨省的区域农机服务逐步缩减，中短途跨区农机服务逐步增多，同行政区域、互补式的农机服务成为常态。仇叶（2017）⑦ 认为，内部性的本地农业机械服务相比外部机械服务具有更强的灵活性，随着农机技术的进步，区域内生机械服务逐步增加，再结合"熟人社会"的人文特征，区域内农机服务逐渐占据市场，长距离跨地域的农机服务不再具有竞争优势，影响逐渐减弱。方师乐、黄祖辉（2019）⑧ 的研究表明，进入 21 世纪以来，大量的农机跨区域服务推进了中国农业机械

　　① 杨大伟，杨翠迎，孙月. 农机跨区作业：加速我国农机化进程的战略选择［J］. 农机化研究，2003（2）：20-22.

　　② 杨印生，郭鸿鹏，谢鹏扬. 农机作业委托对我国农业机械化发展的影响［J］. 农业机械学报，2004（3）：193-194.

　　③ 薛亮. 从农业规模经营看中国特色农业现代化道路［J］. 农业经济问题，2008（6）：4-9，110.

　　④ YANG J, HUANG Z, ZHANG X, et al. The rapid rise of cross-regional agricultural mechanization services in China［J］. American journal of agricultural economics, 2013, 95（5）：1245-1251.

　　⑤ 曹光乔，周力，毛慧. 农业技术补贴对服务效率和作业质量的影响：以秸秆机械化还田技术补贴为例［J］. 华中农业大学学报（社会科学版），2019（2）：55-62，165-166.

　　⑥ 董洁芳. 我国农机跨区作业的效益与趋势分析［J］. 中国农机化学报，2015，36（5）：303-307.

　　⑦ 仇叶. 小规模土地农业机械化的道路选择与实现机制：对基层内生机械服务市场的分析［J］. 农业经济问题. 2017，38（2）：55-64.

　　⑧ 方师乐，黄祖辉. 新中国成立 70 年来我国农业机械化的阶段性演变与发展趋势［J］. 农业经济问题，2019（10）：36-49.

化进程，并在土地分散化、农业劳动力减少的情况下，提供了充足的粮食，但是2014年以来，农机跨区作业面积出现断崖式减少，中国农业机械开始回归私人物品的属性。刘魏等（2020）① 认为，农户的土地规模扩大后，没有同时整理分散化的土地使农机的转换成本增高，显著缩减了农户在水稻生产过程中对农业机械设备跨区域服务的需求，传统熟人社会网络也使得农机跨区作业服务商被排斥。

第三，关于农机跨区作业与公路交通基础设施的关系研究。公路交通基础设施建设打破了空间地理上的限制，加快了经济活动程度低的区域和主要市场之间的流通及交易，缩减了交通运输的货币成本与时间成本（任晓红、张宗益，2013）②。罗斯炫等（2018）③ 认为，在农村地区，农机能否跨区作业的一个重要条件是道路修建情况，便捷的公路网络可以为长距离的农机作业提供条件，解决了农机跨区作业"能不能跨""怎么跨""跨多远"等问题。李涵等（2020）④ 认为，对跨区作业的农机免收高速通行费的政策有利于提高全国范围的农业机械化水平，因为全面高效的道路基础设施建设能降低农机跨区作业的交通成本，从而促进农机跨区服务发展，提高机械化水平。

3. 关于农机跨区作业对粮食生产的空间溢出效应研究

通过梳理相关研究文献，发现农业机械化发展不仅直接影响本地区的粮食生产，还对附近区域的粮食生产具有一定的带动作用，形成一种间接的空间溢出效应，而这种空间溢出效应的产生主要是由于农业机械设备到其他区域作业。因此，农机跨区作业是农业机械化具有空间溢出效应的前提条件。

罗杰斯（E. Rogers）（1962）⑤ 的技术扩散理论认为，在一定区域范围内农户之间可以相互交流农业机械作业技术，从而产生引领作用——引领新的农机及农机服务需求。农机跨区服务就是农机所有者为附近区域的农户供给专业的农机作业，增加农机服务供给，提高区域农业机械化程度。农机跨区服务范围越大，越能扩大农业机械化的示范效应。农业技术推广平台和农机跨区作业

① 刘魏，张应良，王燕. 农地经营规模扩大刺激了农户跨区作业需求吗？：以水稻劳动密集型环节为例 [J]. 贵州大学学报（社会科学版），2020，38（1）：49-61.

② 任晓红，张宗益. 交通基础设施、要素流动与城乡收入差距 [J]. 管理评论，2013，25（2）：51-59.

③ 罗斯炫，何可，张俊飚. 修路能否促进农业增长？：基于农机跨区作业视角的分析 [J]. 中国农村经济，2018（6）：67-83.

④ 李涵，滕兆岳，伍骏骞. 公路基础设施与农业劳动生产率 [J]. 产业经济研究，2020（4）：32-44，128.

⑤ ROGERS E. Diffusion of innovation [M]. New York：Free Press of Glencoe. 1962.

会带来技术外溢。孟希（K. Munshi）（2004）① 研究了印度粮食生产中技术的采用及普及程度，发现农户会根据实际情况更新农业技术，最后农业技术的普及会使各区域的粮食增产率趋于相同。高鸣、宋洪远（2014）② 的研究表明粮食生产技术效率存在空间自相关性，他们认为农机跨区服务是生产技术效率具有空间溢出效应的一种途径和工具。伍骏骞等（2017）③ 采用省级面板数据分析农业机械设备跨区服务对粮食产量的空间溢出效应，研究结果表明不同区域的农业机械使用程度与粮食产量呈正相关关系，经纬度不同的地域之间农机作业对粮食产量具有空间溢出效应，这符合我国农机跨纬度服务的使用方式。方师乐等（2017）④ 进一步将农业机械划分为大中型和小型两种类型展开研究，认为农业机械化水平对粮食产量的空间溢出效应主要是通过大中型农机的跨区作业形成。张露和罗必良（2018）⑤ 利用中国小麦主产区地级市的面板数据，分析农机使用水平对小麦播种面积的空间溢出效果，结果证实该地域的农机使用程度提升会对另外区域的小麦的播种面积产生显著的正向影响。吴智豪等（2020）⑥ 采用江苏省市级面板数据也得出了与前者一致的结论，另外还将不同粮食品种之间的空间溢出效应进行比较。结果显示，江苏省农业机械化水平对玉米生产的空间溢出效应较显著。黄炎忠、罗小锋（2020）⑦ 认为，农机到其他地域服务产生了生产技术外溢，在不同的地域农机技术的创新与应用具有不同的发展趋势，农机跨区服务可作为一种普及技术的主要方法。

2.3.6　文献述评

通过梳理相关文献，不难发现学者们在农业机械化发展、农业机械化对粮

---

① MUNSHI K. Social learning in a heterogeneous population：technology diffusion in the Indian Green Revolution [J]. Journal of development economics，2004，73（1）：185-213.

② 高鸣，宋洪远. 粮食生产技术效率的空间收敛及功能区差异：兼论技术扩散的空间涟漪效应 [J]. 管理世界，2014（7）：83-92.

③ 伍骏骞，方师乐，李谷成，等. 中国农业机械化水平对粮食产量的空间溢出效应分析：基于跨区作业的视角 [J]. 中国农村经济，2017（6）：44-57.

④ 方师乐，卫龙宝，伍骏骞. 农业机械化的空间溢出效应及其分布规律：农机跨区服务的视角 [J]. 管理世界，2017（11）：65-78，187-188.

⑤ 张露，罗必良. 小农生产如何融入现代农业发展轨道？：来自中国小麦主产区的经验证据 [J]. 经济研究，2018，53（12）：144-160.

⑥ 吴智豪，党敬洪，季晨. 农业机械化对粮食生产的空间溢出效应：基于江苏省13个地级市的空间计量分析 [J]. 中国农业大学学报，2020，25（12）：184-199.

⑦ 黄炎忠，罗小锋. 跨区作业如何影响农机服务获取？[J]. 华中农业大学学报（社会科学版），2020（4）：89-97，178.

食产量的影响、农业机械化对粮食生产效率的影响、农业机械化对粮食播种面积的影响以及农机跨区作业对粮食生产的影响等方面进行了深入的分析，积累了大量的研究成果，为探究农业机械化发展对粮食生产的影响提供了重要的指导。但现有研究仍然存在以下可改进之处：

第一，结合大部分学者的研究成果和现实情况，本书认为农业机械在替代劳动力参与粮食生产过程中，凭借其产生的规模效应和专业化效应能提高粮食生产技术效率。现有文献表明，在不同地区或者不同行业中存在技术效率的空间溢出效应，空间集聚效应在中国各省份的生产技术效率中有明显的体现。那么粮食生产技术效率存在空间集聚的原因何在？农业机械化是否会对粮食生产技术效率产生空间溢出效应？当前学者更多关注农业机械化对粮食生产技术效率的直接影响，没有考虑空间因素，对于农业机械化带来的粮食生产技术效率的空间溢出效应的研究较少。考虑到空间因素的研究也集中于农机使用对产量的空间溢出效应，忽视了农机使用程度影响粮食生产技术效率而引起产能的空间溢出现象，研究农业机械化对生产技术效率的空间溢出现象更有针对性，从而避免低估农业机械化对粮食生产技术效率的总效应（直接效应和空间效应的总和）。目前中国农业机械化发展的重要模式之一是农机跨区作业，其通过区域流动在不同地区示范、传播先进粮食生产技术，并与当地农机服务组织相互竞争，从而产生技术溢出效应。高鸣、宋洪远（2014）的研究结果表明，中国农机跨区作业是粮食生产技术效率存在空间集聚的重要原因。但是他们的研究只分析了粮食生产技术效率的空间自相关性，没有验证农机跨区作业对粮食生产技术效率的空间溢出效应；伍骏骞等（2017）和方师乐等（2017）的研究也主要是针对粮食产量带来的空间溢出效应，无法解释农机跨区作业是否对粮食生产技术效率产生空间溢出效应、其空间溢出效应有多大、具体呈现出哪些特征等问题。

第二，现有的主流相关文献在研究农作物种植结构变化的影响因素上，主要集中在讨论单位劳动力投入增多、农业劳动力转移等因素，直接研究农业机械化发展与粮食播种面积的关系的文献较少。他们主要针对农业劳动力转移、成本上升和土地流转等影响因素对粮食播种面积变化的影响情况。但是从文献的内容来看，学者们一致认同农业劳动力非农就业、成本上升和土地流转导致的直接结果是粮食生产过程中农业机械使用的增加，从而将农业机械化发展作为中介变量研究其对粮食播种面积的影响。但是影响农机水平的因素有多种，既然上述因素影响的结果是推进农机水平的提升，那么直接研究农机水平对粮食播种面积的影响情况更具有研究价值。

第三，现有文献对农机跨区作业对粮食产量的空间溢出效应已做了较为全面的研究，运用的主要模型是静态空间面板杜宾模型；研究农业机械的类型时从笼统的农业机械总动力到划分为具体的大中型和小型农机总动力，切合了主要以大中型农机跨区服务为主的现实；研究数据从省级面板数据逐步扩展到市级面板数据，切合了农机跨区服务从跨省到跨市县的发展路径。但是现有文献依然存在着以下需要改进之处：首先，研究空间溢出效应的方法有待改进。静态空间面板杜宾模型具有一定的局限性，结合解释变量滞后项的动态空间面板杜宾模型更符合本书的研究目的。其次，研究的数据范围有待扩展到全国层面的地市级数据。再次，农机跨区服务从跨省到跨市县的发展路径有待实证检验。最后，公路交通基础设施在农机跨区作业对粮食产量的空间溢出效应中的门槛作用有待进一步实证检验。

3 农业机械化发展与粮食生产：演变与关系

本章通过梳理中国农业机械化发展和粮食生产的历史演化过程，归纳总结农业机械化发展的演进规律、粮食生产的演进路线，从而寻找农业机械化发展与粮食生产的历史相关性，由此分析农业机械化发展对粮食生产的具体影响路径。

3.1 农业机械化发展演变

改革开放以来，经过40多年的发展，中国农业机械化取得了长足的进步，实现了由初级发展阶段向中级发展阶段的跨越，开创了具有中国特色的农业机械化发展道路。随着历史洪流的不断推进，农业机械化发展特点有所不同，下文将梳理和总结中国农业机械化发展的变化规律，从而为分析农业机械化和粮食生产的关系提供历史依据。

3.1.1 农业机械化水平变化

1. 农业机械化水平的阶段性变化

衡量农业机械化水平的指标有很多，但是从农业机械化最直接的表现来看，农业机械设备总动力和农作物耕种收综合机械化水平两个指标能综合反映农业机械化的实际投入情况和农机综合作业水平，是评价农业机械化水平的关键指标。因此，本书根据农业机械设备总动力和农作物耕种收综合机械化水平的增长变动态势（见图3-1和图3-2），将改革开放40多年来中国农业机械化水平划分为四个阶段，具体如表3-1所示。

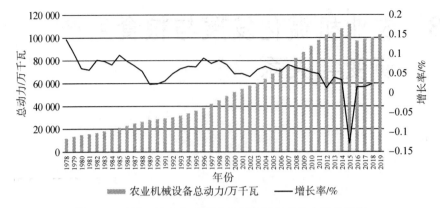

图 3-1　1978—2019 年中国农业机械设备总动力变化情况

（资料来源：《中国农村统计年鉴（2020）》）

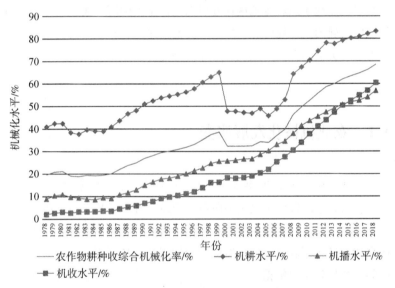

图 3-2　1978—2018 年中国耕种收机械化水平①

（资料来源：1978—2004 年机耕、机播和机收水平数据来自《国内外农业机械化统计资料（1949—2004）》，2005—2018 年②机耕、机播和机收水平数据为作者计算所得，相关数据来源于历年《中国农业机械工业年鉴》。其中 1999 年和 2000 年机耕水平存在显著差异的原因在于数据的统计口径改变，《中国农业机械工业年鉴（2001）》显示，2000 年之前机耕水平计算过程中使用的耕地面积为 1996 年农业部统计数，而 2000 年使用的耕地面积为 1996 年农业普查数）

---

① 机耕水平=机耕面积/（农作物总播种面积-免耕播种面积），机播水平=机播面积/农作物总播种面积，机收水平=机收面积/农作物总播种面积；农作物耕种收综合机械化率=机耕水平×0.4+机播水平×0.3+机收水平×0.3。

② 2019 年数据暂未公布。

表 3-1　1978—2019 年主要年份中国农业机械设备总动力和农作物耕种收
综合机械化率变化情况

年份	农业机械设备总动力/万千瓦	增长量/万千瓦	增长率/%	年均增长率/%	农作物耕种收综合机械化率/%	增长量/百分点	增长率/%	年均增长率/%
1978	11 749.90	–	–	–	19.66	–	–	–
1984	19 497.00	7 747.10	65.93	8.81	19.21	−0.45	−2.29	−0.39
1985	20 912.50				19.47			
2003	60 387.00	39 474.50	188.76	7.87	32.46	12.99	66.72	3.71
2004	64 028.00				34.26			
2015	111 728.10	47 700.10	74.50	3.78	63.45	29.19	85.20	4.19
2016	97 245.60				64.68			
2018	–				68.56	3.88	6.00	2.96
2019	102 758.30	5 512.70	5.67	1.85	–	–	–	–

资料来源：作者整理得出。

第一，农业机械设备总动力逐步提升而农作物耕种收综合机械化水平下降阶段（1978—1984 年）。改革开放初期，总动力快速增长，但综合机械化率出现了短时间的下降。中国农机总动力从 1978 年的 11 749.90 万千瓦增加到 1984 年的 19 497.00 万千瓦，增长了约 65.93%，年均增长率为 8.81%。该阶段农机总动力的增长基数小，虽然增长量不大，但是增速很快。而农作物耕种收综合机械化率在 1980 年达到一个高峰后连续两年下跌。其中，机耕水平从 1980 年的 42.40%下降到 1982 年的 37.70%，下降了约 11.08%，直到 1987 年才恢复到 1980 年的水平。从图 3-2 中看到，此阶段仅有机收水平缓慢增长。农作物耕种收综合机械化率下降的原因主要在于改革开放初期实行包产到户后，集体拥有的拖拉机、收割机等农业机械，由于无法分割而不能交付到小规模分散经营的农户手中参与农业生产，从而导致农业机械利用效率不高，农作物耕种收综合机械化率下降。

第二，农业机械化水平快速增长阶段（1985—2003 年）。这一阶段中国农机总动力和综合机械化率快速增长，总动力从 1985 年的 20 912.50 万千瓦增长到 2003 年的 60 387.00 万千瓦，增长了约 1.89 倍，年均增长率为 7.87%；综合机械化率从 1985 年的 19.47%增长到 2003 年的 32.46%，增长了约 66.72%，平均每年提升约 3.71 个百分点。这一时期，随着经济体制改革的不断深入，农业机械化的协调作用不断增强。农户可以根据生产所需自行购买农业机械，促进了对小型农机具需求的增长。此外，家庭联产承包责任制实施一段时间后，农户积累了一定的购机资本，有能力购买农业机械替代人工劳动，小农户逐步成为农业机械的需求主体，由此加快了农业机械替代人工劳动参与农业生产的步伐。由于前期农业机械化水平较低，因此本阶段相较于上一阶段而言，农业机械化水平迅速提高。

第三，农业机械化水平稳步增长阶段（2004—2015年）。此阶段中国农业机械化水平呈现稳步增长态势，农业机械总动力由2004年的64 028.00万千瓦增长至2015年的111 728.10万千瓦，增长了74.50%，年均增速为3.78%；综合机械化率从2004年的34.26%增长到了2015年的63.45%，也增长了近一倍，年均增速超过4个百分点。这一阶段农业机械总动力的年均增长率虽略有下降，但是综合机械化率相较前一阶段仍然保持增长趋势。2010年，中国农业机械总动力首次超过90 000万千瓦，农作物耕种收综合机械化率第一次超过50%。在这一时期，随着社会主义市场经济体制的建立，市场在农业机械化发展中起主导作用。随着农业劳动力向非农行业流动持续加速，农户对农业机械作业的需求急剧增加；进入21世纪以来，以农机跨区作业为主的农机社会化服务迅速发展，为农机市场提供了质优价廉的农机作业服务，在资本允许的情况下农户可以自购农机，而在资本受限的情况下则可通过农机作业付费服务实现机械化，从而提高了中国农业机械化整体水平。另外，这一阶段国家出台的一系列政策极大地促进了中国农业机械化的发展。尤其是2004年《中华人民共和国农业机械化促进法》的出台，以及一系列采购优惠措施的实施，极大地激发了农户购置农业机械设备的热情，各地农机装备量迅速增加，客观上推动了农业机械总动力的稳步增长。

第四，农业机械化水平增速放缓阶段（2016年至今）。此阶段中国农业机械化水平增速放缓，总动力从2016年的97 245.60万千瓦增长到2019年的102 758.30万千瓦，增长了5.67%，年均增长率下降到1.85%，是改革开放以来年均增长率最低的阶段；综合机械化率从2016年的64.68%增长到2018年的68.56%，年均增长率上升约3个百分点。随着国内经济的发展，我国农业达到了一个相对稳定的状态，农机设备新增需求放缓，农业机械总动力和农作物耕种收综合机械化率增长幅度有限，此时应研究农业机械化的短板环节，寻找新的需求及增长点，同时优化农机的配置结构。

由此可见，改革开放以来中国农业机械化水平显著提高，从而改变了人工劳动力作为农业生产主力军的局面，减少了从事农业生产的人数，改变了农忙季节"工人放假、学生停课、干部下乡"抢收抢种的局面，提高了生产率、产出率以及资源利用率，克服了自然条件的随机性及偶然性，为共享现代社会物质文明成果提供了有力支持。

2. 农业机械化水平的区域差异

改革开放以来，中国农业机械化水平不断提高，农机总动力和农作物耕种收综合机械化率显著提高，但是农业机械化发展的区域不平衡问题也凸显。我国国土面积大、跨度广，每个区域的自然资源及地理条件（各地的纬度地带性、经度地带性、地形地貌）、农业资源禀赋、社会技术经济条件等差异明显，地区与地区之间的农机化程度差异巨大，部分地区农业机械化发展受限。区域发展的不平衡，严重制约了中国农业机械化水平的进一步提高。

农业机械的使用具有一定的周期性和季节性，而农业机械总动力作为一个存量指标，不能很好地反映各地区农机的使用频率和效率，因此在区域差异比较中需要使用农作物耕种收综合机械化率指标来衡量各个地区的农业机械化水平。1978—2018 年中国四大地区①农作物耕种收综合机械化率如图 3-3 所示。

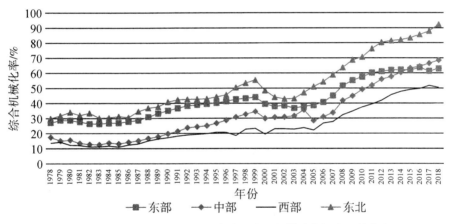

图 3-3　1978—2018 年中国四大地区农作物耕种收综合机械化率

注：四大地区的农作物耕种收综合机械化率是指各地区组成省份的农作物耕种收综合机械化率的算术平均值。

---

① 根据《中共中央、国务院关于促进中部地区崛起的若干意见》、国务院西部开发办发布的《关于西部大开发若干政策措施的实施意见》，以及党的十六大报告的精神，我国经济区域被划分为东部、中部、西部和东北四大地区。本章中的东部地区指北京、天津、河北、上海、江苏、浙江、福建、山东、广东和海南 10 个省、直辖市；中部地区指山西、安徽、江西、河南、湖北和湖南 6 个省；西部地区指内蒙古、广西、重庆、四川、贵州、云南、西藏、陕西、甘肃、青海、宁夏和新疆 12 个省、自治区、直辖市；东北地区指辽宁、吉林和黑龙江 3 个省。

另外，为比较各地区对农业机械化的实际投入情况，有必要比较各地区平均每亩（1亩≈666.67平方米。下同）农业机械总动力值。1978—2018年中国四大地区平均每亩农业机械总动力如图3-4所示。

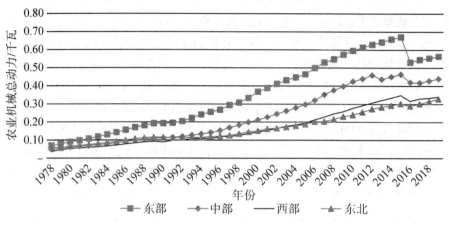

图 3-4　1978—2018 年中国四大地区平均每亩农业机械动力

注：四大地区平均每亩农业机械总动力是指各地区组成省份的每亩平均农机动力的算术平均值，各省份每亩平均农机动力=各省份农业机械总动力（万千瓦）/农作物总播种面积（万亩）。

总体来看，全国机械化水平最高的区域是东北地区，主要是因为该地区以粮食种植为主、人均土地资源全国最多、耕地平坦易于机械化；而在山地丘陵和高原占比高、人均耕地面积小的西部地区农业机械化水平相对较低。

具体来看，1978—2018 年，东部地区农作物耕种收综合机械化率从27.03%增长到62.94%，增长了约1.33倍，年均增长率为2.14%，增长速度在四大地区中是最低的，农作物耕种收综合机械化率在四大地区中的排位从第二位下降到第三位。东部地区人均耕地面积较小、人均粮食产量较低，加上土地类型复杂多样，宜农的平原、盆地有限（例如该地区福建省的丘陵山地占比接近90%），因而推进农业机械化的难度较大，农业机械化水平的提高速度较慢，在2015年农作物耕种收综合机械化率首次低于中部地区，在四大地区中位居第三位。从图3-4来看，1978—2018 年，东部地区平均每亩农业机械动力一直位居四大地区之首，农机装备量处于全国领先水平，同其他三个地区的差距随着时间的推移不断拉大。2018年，东部地区平均每亩农业机械动力达到0.56千瓦，分别是中部、西部和东北地区的1.28倍、1.66倍和1.72倍。东部地区农机装备量高，但农作物耕种收综合机械化率却低于东北地区和中部地区，其原因同该地区的地形和农作物种植结构密切相关。东部地区由于农机装备充足，不仅能满足本地区的农业生产需要，还通过跨区作业的形式服务周边地区，优化了农机装备结构，实现了农机资源的自由流动和优化配置。

1978—2018年，中部地区农作物耕种收综合机械化率从17.36%增长到68.48%，增长了约2.94倍，年均增长率为3.49%，增长速度在四大地区中是最快的，农作物耕种收综合机械化率在四大地区中的排位从第三位升至第二位。中部地区有5个省份属于粮食主产区①，该地区粮食播种面积大，自然条件适宜，农作物生长周期短、复种率较高，农事活动呈现出季节性"双抢"，农忙时节对劳动力需求量巨大，而农业机械可有效弥补劳动力缺口，因而促使该地区的农业机械化程度不断提高，增长速度位居全国榜首。从图3-4来看，1991年之前，中部地区每亩平均农机动力一直低于东北地区，在1991年之后超过东北地区，在四大地区中排位升至第二位，同农作物耕种收综合机械化率排位一致。

1978—2018年，西部地区农作物耕种收综合机械化率从13.55%增长到50.43%，增长了约2.72倍，年均增长率为3.34%，增长速度略低于中部地区。西部地区农业生产地域类型复杂多样，人均耕地面积小且分散，种植的农作物品种多样，因而实施农业机械化难度较大，农业机械化水平是全国最低的地区。2018年西部地区综合机械化率达到了50.43%，但比全国平均水平还低18.13个百分点。从图3-4来看，西部地区每亩平均农机动力低于东部和中部地区，略高于东北地区，说明西部地区农机装备量较低，这是西部地区农业机械化水平较低的重要原因。

1978—2018年，东北地区农作物耕种收综合机械化率从29.88%增长到92.32%，增长了约2.09倍，年均增长率为2.86%。东北地区的综合机械化率增长速度虽然低于西部地区的增长速度，位居第三，但农业机械化水平远高于西部地区，2018年，东北地区综合机械化率是西部地区的1.83倍。东北地区农作物具有一年一熟的特点，土地相对平整、集中连片，是较易实施农业机械化的地区，加上耕地面积和人均耕地面积大，是迫切需要农业机械化的地区，因而东北地区成为全国机械化水平最高的地区。虽然东北地区整体综合机械化

---

① 按照传统的划分方法，中国粮食和农业主管部门一般将黑龙江、吉林、内蒙古、河南、江西、安徽、河北、辽宁、湖北、湖南、江苏、山东、四川13个省（自治区）划为粮食主产区。

率较高，但从图3-4中可以看到，东北地区每亩平均农机动力在四大地区中排名靠后，1978年在四大地区中排第三位，到2018年下降到第四位。由此说明东北地区的农业机械资源得到了充分利用，以最小的农机装备量达到了农业机械化水平的最高值，实现了农业机械化综合效益的最大化。

3.1.2 农业机械类型变化

1. 以小型农业机械为主阶段（1978—2003年）

1978—2003年，中国的农业机械类型是以小型农业机械为主的，这一期间小型机械增长迅速，农用小型拖拉机总动力年均增长率达到10.18%，拥有量每年增长9.66个百分点；而大中型农业机械增长乏力，农用大中型拖拉机总动力每年增加2.42个百分点，拥有量每年增加2.29个百分点，均小于农用小型拖拉机的增长速度（见图3-5、图3-6和表3-2）。因此，在这一阶段，一般通过小型农业设备的普及持续带动农业机械化发展。

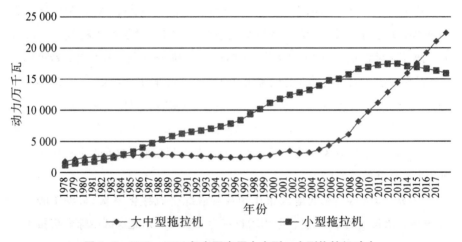

图3-5　1978—2017年中国农用大中型、小型拖拉机动力

（资料来源：《中国农村统计年鉴2018》，2017年以后只公布了农业大中型、小型拖拉机的拥有量数据，动力值数据未公布）

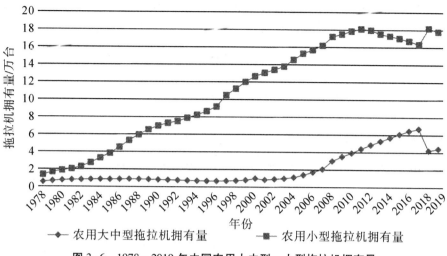

图 3-6　1978—2019 年中国农用大中型、小型拖拉机拥有量

（资料来源：《中国农村统计年鉴 2020》）

表 3-2　1978—2019 年主要年份中国主要农业机械数量和增长率

年份	农用大中型拖拉机拥有量/万台	年均增长率/%	农用小型拖拉机拥有量/万台	年均增长率/%
1978	55.74	–	137.30	–
1980	74.49	15.60	187.40	16.83
1985	85.24	2.73	382.40	15.33
1990	81.35	−0.93	698.10	12.79
1995	67.18	−3.76	864.64	4.37
2000	97.50	7.73	1 264.40	7.90
2003	98.06	0.19	1 377.71	2.9
1978—2003 平均	–	2.29	–	9.66
2004	111.86	–	1 454.93	–
2009	351.58	25.74	1 750.90	3.77
2014	567.95	10.07	1 729.77	−0.24
2015	607.30	6.93	1 703.04	−1.55
2016	645.35	6.27	1 671.61	−1.85
2017	670.08	3.83	1 634.24	−2.24
2018	422.00	−37.02	1 818.30	11.26
2019	443.90	5.19	1 780.42	−2.08
2004—2019 平均	–	9.62	–	1.36

资料来源：《中国农村统计年鉴 2020》。

改革开放初期，国家进行了土地分配制度的改革，土地细碎化及规模缩小，大马力拖拉机和大型耕整地机械丧失了用武之地。因此，在改革开放初期，传统的农机经营管理模式与小规模分散经营的现实农情不匹配，农业机械设备需求持续减少，甚至出现负增长。

1983 年 1 月，中央一号文件提出，对于农业生产的各类拖拉设备、汽车、加工机械，农民可以购买。1984 年 2 月，《国务院关于农民个人或可联户购置机动车船和拖拉机经营运输业的若干规定》明确指出，农民可以根据自身生产、经营投资等需求采购农机设备。此举为农业机械化发展注入了新的活力。1986 年全国农业机械总动力达到 22 950 万千瓦，与 1978 年相比增加了95.32%，其中小型农用拖拉机总动力是大中型农用拖拉机总动力的 1.43 倍。

在家庭联产承包责任制实行一段时期后，农户增加了收入，拥有了购买农业机械的资本，加上国家政策的引导，农民逐步成为农业机械化事业投资和经营的主体。1986 年，农户个人拖拉机拥有量达到 471.6 万台，约占全国总拥有量的 87.80%，比 1980 年分别增加了 467.8 万台和 86.3 个百分点。

1994 年，国家撤销了农用柴油的平价体系，这意味着国家主导的农业机械化结束，以市场为主导的农业机械化开始起步并不断发展壮大。随着中国工业化和城镇化的快速发展，农业劳动力外流，农业劳动力价格不断上涨，机械对人力的替代更能为农户带来经济效益，由此驱动了农业机械化持续发展。

本阶段农业机械的需求主体是农户和个体经营者，农户经营规模小且资金有限，农户个体没有足够的资本采购大中型农机设备。另外，从农机供给市场来看，本阶段农机生产企业的主推机型是适宜小农户使用的中小型拖拉机，以满足小规模农户的生产需要；而科研院所也加大研发力度，不断创新，在多种农机类型中重点攻克适合小规模作业的农机具。因此，小型农业机械在市场供需双方的共同作用下迅速发展，成为这一阶段农业机械化发展的主要动力。

20 世纪 90 年代中后期，农机跨区作业等农机社会化服务市场的建立和完善，化解了耕地细碎化与农业机械化的矛盾，促进了大中型农业机械的发展。1997 年，农用大中型拖拉机拥有量为 68.91 万台，比 1996 年增加了 2.71%，实现了从 1988 年以来的首次增长。到 2000 年，农用大中型拖拉机拥有量增长了 24.33%，但持续时间不到一年。到 2001 年，农用大中型拖拉机拥有量大幅下降，减少了 14.89%。直到 2004 年，大中型农业机械开始进入供需繁荣时期。

2. 以大中型农业机械为主阶段（2004 年至今）

2004 年至今，中国的农业机械类型是以大中型农业机械为主的，这一期间大中型农业机械的增长速度超过小型机械的增长速度。2004—2017 年，大中型拖拉机总动力年均增长率达到了 14.89%；2004—2019 年，大中型拖拉机拥有量年均增长率也达到了 9.62%。到 2014 年，大中型拖拉机总动力首次超过了农用小型拖拉机总动力，变为农机总动力最大的农业机械类型。而小型农业机械市场逐步接近饱和，增长速度逐渐放缓。2004—2017 年，农用小型拖拉机总动力年均增长率仅为 1.02%；2004—2019 年，农用小型拖拉机拥有量年均增长率为 1.36%。近几年，小型农用机械甚至呈现负增长，2013—2017 年，农用小型拖拉机总动力连年下降；2012—2019 年，除了 2018 年以外，其余年份农用小型拖拉机拥有量均逐年减少（见图 3-5、图 3-6 和表 3-2）。因此，在这一阶段，农业机械化增长的动力主要来源于大中型农业机械。

而中国大中型农业机械的发展主要依托农机社会化服务的发展。改革开放以来，工业化和城镇化吸收了大量的农业劳动力，产生了大量的非农就业的小农户和兼业农户。众所周知，农业机械的使用具有一定的周期性和季节性，加上不低的农机购置成本，农业机械服务给非农就业的小农户和兼营农户提供了有效的解决方案，从而推动了农机社会化服务的发展。另外，政府部门从现实需求从发，出台了一系列政策促进农机社会化服务发展，由此促进了中国农机社会化服务迅速发展，参与农业机械化作业服务的组织和人员不断增加。2018 年年末，中国农业机械化作业服务组织人数达到 213.98 万人，比 2008 年增长了 141.38 万人；农业机械专业合作社数量达到 72 640 个，比 2008 年增长了 7.42 倍；农业机械化作业服务专业户达到了 440.90 万个，比 2004 年增长了 22.20%。而农机社会化服务的经济效益主要体现在规模作业上，大中型农业机械比小型农业机械更适宜大规模生产模式，由此促进了大中型农业机械的发展，使大中型农业机械在农业机械化作业服务中的占比不断提高。2018 年年末，拥有农业机械原值 50 万元以上的大型农业机械作业服务组织人数达到 97.69 万人，占农业机械化作业服务组织人数的比例达到 45.65%，分别比 2008 年增加 85.87 万人和 29.37%。2018 年，拥有农机原值 100 万元及以上的农业机械专业合作社达到 26 327 个，占农业机械专业合作社总量的 1/3 以上。2018 年，拥有农业机械原值 20 万~50 万元（含 20 万元）的农业机械户达到 670 430 个，比 2008 年增长 95.19%①。

另外，土地规模化经营也促进了大中型农业机械的发展。耕地细碎化不适

---

① 数据来源于《中国农业机械工业年鉴（2005）》《中国农业机械工业年鉴（2009）》《中国农业机械工业年鉴（2019）》。

宜机械化操作，规模效益难以体现，因此，近年来国家通过土地流转、高标准农田建设等一系列举措促进了农业适度规模经营发展。全国土地流转面积从2005年的0.55亿亩扩大到2018年的5.39亿亩，2018年土地流转面积是2005年的8.86倍，年均增长率为19.25%①。土地流转的快速发展极大地推动了农业适度规模经营的快速发展。2018年，全国家庭农场达到近60万家，经营土地面积1.62亿亩；全国依法登记的农民合作社达到217.30万家，比2012年增长了2倍②。农业适度规模经营后可以实现土地规模化经营，集中连片的土地有利于机械化操作，尤其是适合大中型农业机械的操作，从而推动大中型农业机械的发展。

但是，大中型农业机械大力推进之时也不能忽略小型机械的发展。中国幅员辽阔，地形复杂多样，丘陵和山区占比较大，因此，在注重发展大中型农业机械的同时也要兼顾专业的、适宜山地操作的小型农业机械的研发和应用。

3.1.3　农机跨区作业变化

农机跨区作业，有力地推进了农业机械化发展，建立了农业社会化服务新模式，有效解决了小农户与大规模机械作业的需求匹配问题，对中国特色农业机械化发展起到了支撑作用。因此，在分析农业机械化发展的演变规律中，有必要重点分析农机跨区作业的演变情况。

1986年，山西省太谷县五家堡村的村民温廷玉在当地麦子还未成熟时节，驾驶着自家的联合收割机同本村的其他五位村民前往小麦成熟较早的运城先行收割，获得机收服务收益；然后在适当时候返回老家收割自家麦子，获得种麦收益，从而增加了经济收入。温廷玉与一行的村民开展的跨区机收小麦行动是中国农机跨区作业的最初尝试，从此更多的农机手加入"南征北战"的行列。到了20世纪90年代初期，在相关部门的组织下，陕西省一些有能力进行农机跨区作业的农机户开始在山西、河北、河南、山东等省进行小区域的小麦跨区收割作业，但规模较小。从1996年起，农业部（现农业农村部）等有关部委开始推进农机跨区作业，由此开启了农机跨区作业的发展道路。到2019年，农机跨区作业的范围、距离和面积都有一定变化，具体如下：

---

① 数据来源于历年《全国农村经济情况统计资料》《中国农村经营管理统计年报》。
② 农业农村部关于印发《新型农业经营主体和服务主体高质量发展规划（2020—2022年）》的通知［EB/OL］.（2020-04-23）［2022-05-08］. http://www.moa.gov.cn/nybgb/2020/202003/202004/t20200423_6342187.htm.

1. 农机跨区作业范围变化

从 1996 年至今，中国农机跨区作业服务的农作物品种从小麦不断拓展到玉米、水稻等粮食作物，以及花生、马铃薯和油菜等经济作物；农机跨区作业服务从机械收割扩展到机械耕种、机械播种和机械扦插等多流程，农机跨区作业的范围不断拓展。

农机跨区作业服务的农作物品种是从小麦开始的，之后不断拓展到水稻、玉米等农作物。2000 年，跨区机收对象以小麦为主，跨区机收小麦面积为5 372 千公顷，而跨区机收水稻、玉米面积分别只有 626.02 千公顷、90.97 千公顷，跨区域机械收割水稻和玉米面积之和约占跨区域机械收割小麦面积的13.35%。到 2018 年，农机跨区收割虽然以小麦为主，但是跨区机收水稻和玉米面积和占比都显著增长，成为农机跨区收割的重要农作物品种。从面积来看，2018 年跨区机收小麦面积增长到 6 204.17 千公顷，比 2000 年增长了约15.49%；跨区机收水稻面积增长到 4 310.90 千公顷，比 2000 年增长了约 5.89倍；跨区机收玉米面积增长到 2 582.08 千公顷，比 2000 年增长了约 27.38 倍，增长幅度最大。从占比来看，2018 年，跨区机收小麦面积占跨区机收总面积的比例约为 45.13%，比 2008 年减少了 22.82 个百分点；跨区机收水稻面积占跨区机收总面积的比例约为 31.36%，比 2008 年增加了 4.53 个百分点；跨区机收玉米面积占跨区机收总面积的比例约为 18.78%，比 2008 年增加了 15.03个百分点，增长幅度最大（见表 3-3）。

表 3-3　2000—2018 年农机跨区作业面积　　　　　　　　单位：千公顷

年份	农机跨区作业面积	跨区机耕面积	跨区机播面积	跨区机收面积	跨区机收小麦	跨区机收水稻	跨区机收玉米
2000	4 434.83	–	–	4 434.83	5 372	626.02	90.97
2001	6 088.99	–	–	6 088.99	5 245.81	1 050.59	47.7
2002	6 344.1	–	–	6 344.1	10 423.13	1 905.83	101.76
2003	12 430.72	–	–	12 430.72	4 941.27	1 756.31	97.11
2004	6 794.69	–	–	6 794.69	12 011.48	3 046.66	85.43
2005	15 143.57	–	–	15 143.57	11 501.91	3 646.12	187.74
2006	15 335.77	–	–	15 335.77	10 718.58	4 288.72	206.72
2007	15 214.02	–	–	15 214.02	11 189.44	4 789.69	406.61
2008	24 090.85	4 047.06	1 726.22	18 159.96	12 339.78	4 872.65	680.9
2009	27 416.27	4 466.65	1 748.24	20 612.49	13 126.21	5 985.52	989.63

表3-3(续)

年份	农机跨区作业面积	跨区机耕面积	跨区机播面积	跨区机收面积	跨区机收小麦	跨区机收水稻	跨区机收玉米
2010	28 841.49	4 888.84	1 846.7	21 460.96	13 556	6 179.95	1 374.01
2011	32 924.25	5 070.12	2 242.76	25 025.6	15 175.46	7 262.56	2 238.48
2012	34 295.88	5 753.7	2 579.77	24 952.3	14 161.8	7 425.43	2 744.14
2013	36 719	6 767	3 085	26 005	14 426	7 696	3 251
2014	29 721	5 939	2 818	17 676	8 376	4 884	3 172
2015	25 770.33	5 264.75	2 575.27	16 522.92	7 977.33	4 544.64	3 100.34
2016	23 386.95	4 428.57	2 159.91	15 803.42	7 566.27	4 699.34	2 858.61
2017	22 049.37	4 163.60	2 016.65	14 881.14	7 085.36	4 452.98	2 722.4
2018	20 711.78	3 898.62	1 873.38	13 747.55	6 204.17	4 310.9	2 582.08

资料来源：历年《中国农业机械工业年鉴》，其中2000—2007年未公布农机跨区作业面积、跨区机耕面积、跨区机播面积和跨区机收面积数据，为便于比较，作者利用现有数据补齐，跨区机收面积数据是由跨区机收小麦、水稻和玉米面积三者之和组成，农机跨区作业面积数据是由跨区机收面积组成。

农机跨区作业服务的环节是从机收开始的，逐步延伸至机耕、机播和机插等多环节，之后向全程化、一条龙服务转变。2008年，跨区机收面积最大，为18 159.96千公顷，占农机跨区作业总面积的比例约为75.38%；跨区机耕面积次之，为4 047.06千公顷，占农机跨区作业总面积的比例约为16.80%；跨区机播面积最小，为1 726.22千公顷，占农机跨区作业总面积的比例约为7.17%。到2018年，跨区机收面积占农机跨区作业总面积的比例下降到约66.38%，减少了9个百分点；跨区机耕面积占农机跨区作业总面积的比例上升到约18.82%，增加了2.02个百分点；跨区机播面积占农机跨区作业总面积的比例上升到约9.04%，增加了1.87个百分点（见表3-3）。可以看到，跨区机收面积占比减少的百分点要高于跨区机耕和机播面积占比增加的百分点之和，说明跨区作业环节延伸到机械收割、机械耕种之外，农机跨区作业服务环节不断拓展。

2. 农机跨区作业距离变化

从1996年至今，中国农机跨区作业距离呈现出由近到远、再由远到近的发展趋势。1986年，温廷玉一行从山西太谷县到运城跨区机收小麦，实现了跨越县级行政区域的农机跨区作业。1996年，跨区机收小麦在11个省份进行,实现了跨越省级行政区域的农机跨区作业。1997年,跨区机收小麦在19个省份进行。1998年,跨区机收扩展到所有小麦主产区的23个省份。随着农机跨区作业对象由小麦向水稻、玉米等其他粮食扩展,农机跨区作业服务在全国推广开来,跨区距离不断增加。

随着农机保有量的大幅增加,国内大多数地区的农机保有量已能做到自给自足,加上语言障碍和外来农机的作业成本相较于本地农机的作业成本较高等因素,农机跨区作业的距离出现变化。2015年前的跨区作业,以南-北跨越为主;2015年之后的农机跨区作业不再是单一的长途作业,而是长、中、短三种模式协同进行。有组织、有规模的农机合作单位通常会采用订单作业模式,一般为长距离作业服务;组织较弱的个人及小规模团体则主要开展短距离作业服务,且这部分农机手的占比较大。因此,农机跨区作业距离呈现出由远到近的变化趋势。

3. 农机跨区作业面积变化

从1996年至今,中国农机跨区作业面积经历了由增到减的过程。1996—1999年,中国农机跨区作业面积迎来井喷式增长。1996年,参与跨区机械收割小麦的农业机械有2.30万台,跨区机械收割小麦面积达到了167.50万公顷。1997年,参与跨区机械收割的农业机械有1.40万台,跨区机械收割小麦面积达到377.40万公顷,作业面积比上一年翻了一番多。1998年,参与跨区机械收割的农业机械超过2万台,跨区机械收割小麦面积达到555.10万公顷,作业面积比上一年增长了约47.09%。1999年,参与跨区机械收割的农业机械数量为8.90万台,约占全国联合收割机械的总数的40%,完成跨区机械收割小麦面积640.80万公顷,作业面积比上一年增长了约15.44%。

2000—2013年,中国农机跨区作业面积逐年稳定提高,年均增长率达到了14.82%。一方面,农机跨区作业扩大了农机服务市场,农机手获得了在全国各地作业的机会,加大了作业量,提高了农机具的利用率,增加了收入,具有可观的收益性,因此吸引了越来越多的农机手加入其中,促进了农机跨区作业供给的增长。另一方面,农业劳动力的非农转移导致了农村劳动力的大量流失,农业劳动力成本上涨,而购买农机服务不仅能降低生产成本、提高农业综合生产能力,还能节约购买农业机械的投入成本,因此越来越多的农户放弃直接投资农机而选择购买农机服务,促进了农机跨区作业需求的增长。2001年,907.2万台稻麦联合收割机参与跨区作业,相较于2000年的652.5万台上涨了约39.03%,累计增加254.7万台。到2013年,农机跨区作业面积达到历史最大值，为 36 719 千公顷。

2014 年至今，中国农机跨区作业面积呈现不断减少的趋势。2018 年，农机跨区作业面积为 20 711.78 千公顷，比 2013 年减少了 16 007.22 千公顷，下降幅度约达 43.59%（见表 3-3）。随着全国范围内农机购置补贴力度的加大，各地农机保有量显著增长，农机服务市场竞争加剧。另外，本地农机手与服务对象共同处于熟人社会中，利用彼此之间的信任关系，本地农机手比跨区农机手更具有竞争优势，从而使农机跨区作业市场逐步萎缩，由此导致农机跨区作业面积不断减少。虽然农机跨区作业面积在不断减少，但是农机替代人工劳动是未来农业发展的必然趋势，小农户与现代农业的衔接需要农机社会化服务的参与，农机作业服务市场潜力巨大。而中国农业机械化发展存在区域不平衡，因此，农机跨区作业仍然具有巨大的市场前景（卞小燕，2017）[1]。

3.2 中国粮食生产演变

3.2.1 粮食生产总体变化

中国是世界上人口最多的国家，吃饭问题尤为重要。改革开放以来，面对中国农业劳动力不断减少、资源环境约束不断增强的现实，中国粮食生产综合能力不断提高，粮食产量稳步增长，成功解决了国人的吃饭问题。1978—2019年，粮食总产量从 30 476.50 万吨增加到 66 384.30 万吨，增长了一倍多，说明粮食综合生产能力大幅度提升。从图 3-7 中可以看到，1978—2019 年，中国粮食总产量整体上呈现增长的趋势，但是不同年份粮食产量增长率存在波动，且波动较大，具有明显的阶段性特征。分品种看，2012 年以前，稻谷始终是中国粮食生产第一大品种，但随着玉米产量的不断上升，稻谷在粮食总产量中的比重逐步下降。2000 年以前，小麦和玉米的产量差距不大，但是 2000年以后，玉米在全国粮食总产量中的比重显著上升，到 2012 年成为我国的第一大粮食生产品种（见图 3-8）。

---

① 卞小燕. 农机跨区作业怎样"跨"得更远 [J]. 当代农机, 2017 (6)：14-15.

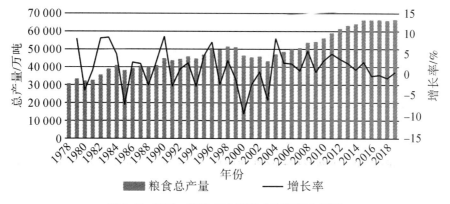

图 3-7 1978—2019 年中国粮食产量变化情况

（资料来源：《中国农村统计年鉴 2020》）

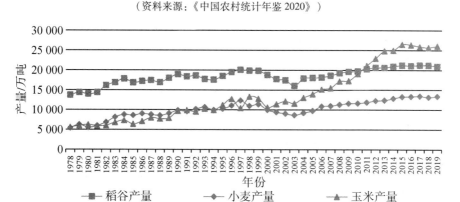

图 3-8 1978—2019 年中国三大粮食品种产量变化情况

（资料来源：《中国农村统计年鉴 2020》）

再从粮食播种面积来看，1978—2019 年，粮食播种面积从 120 587.3 千公顷减少到 116 064 千公顷，共计减少 4 523.30 千公顷，减少了约 3.75%。从图 3-9 中可以看出，虽然从整个时间段来看，中国粮食播种面积是有所减少，但是从 2004 年以来粮食播种面积呈增长趋势，粮食播种面积在 1978—2003 年呈现下降趋势。从具体的粮食品种来看（见图 3-10），1978—2019 年，三大粮食作物占粮食播种总面积的比例有所改变。改革开放初期，稻谷的播种面积是三大粮食中最多的，其次是小麦，最后是玉米。改革开放以来，中国经济高速增长，城镇化速度加快，拉动了肉、禽、蛋、奶的消费量，相应增加了对饲料用粮——玉米的需求，从而激发了农户扩大玉米播种面积的热情。2002 年和 2007 年玉米播种面积先后超过小麦和稻谷，成为三大主粮之首。2016 年以来，玉米播种面积有所下降，主要因为中国推进农业供给侧结构性改革，主动减少玉米非优势产区播种面积。

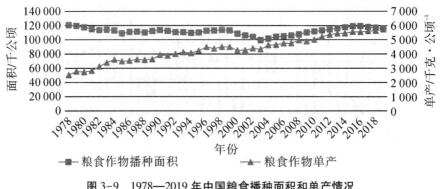

图 3-9   1978—2019 年中国粮食播种面积和单产情况

（资料来源：《中国农村统计年鉴 2020》）

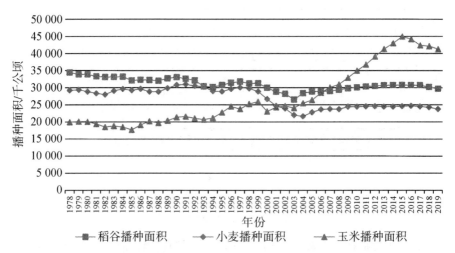

图 3-10   1978—2019 年中国三大粮食品种播种面积变化情况

（资料来源：《中国农村统计年鉴 2020》）

1978—2019 年，中国粮食单产水平稳步提高，粮食单产从 2 527.34 千克/公顷增长到 5 719.63 千克/公顷，增长了约 1.26 倍（见图 3-9）。可以说，粮食单产水平的提高是改革开放以来粮食产量增长的最重要推动力量。从图 3-11 中可以看到，稻谷的单产水平最高，其次是玉米，最后是小麦。2017 年，中国稻谷、小麦、玉米的单产水平已经比世界平均水平分别高 50.10%、55.20%、6.20%[①]。另外，从增长的幅度来看，1978—2019 年，小麦单产水平

---

① 资料来源于国务院新闻办公室 10 月 14 日发布的《中国的粮食安全》白皮书。

增长的幅度最大，增加了 2.05 倍；其次是玉米，单产水平提高了 1.25 倍；最后是稻谷，单产水平提高了 0.77 倍。

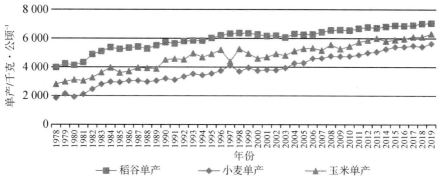

图 3-11   1978—2019 年中国三大粮食品种单产变化情况

(资料来源：《中国农村统计年鉴 2020》)

总体上看，1978—2019 年，在粮食播种面积减少了 3.75% 的情况下，中国粮食总产量却增长了 117.82%，主要在于粮食单产水平提高了 126.31%。未来在耕地面积有限、粮食播种面积不可能再有大的提高的前提下，粮食单产水平的提高将是提高我国粮食综合生产能力的重要途径。

3.2.2   粮食生产阶段变化

改革开放以来，中国粮食产量变动具有明显的阶段性特征，现将其划分为五个阶段进行讨论（见表 3-4）。

表 3-4   1978—2019 年中国粮食播种面积、粮食单产和粮食产量分阶段变化情况

时期	粮食播种面积		粮食单产		粮食产量	
	增长量/千公顷	增长率/%	增长量/千克·公顷$^{-1}$	增长率/%	增长量/万吨	增长率/%
1978—1984	-7 703.40	-6.39	1 080.84	42.77	10 254.00	33.65
1985—1998	4 943.06	4.54	1 019.17	29.26	10 498.81	27.69
1999—2003	-13 750.79	-12.15	-160.14	-3.56	-7 769.67	-15.28
2004—2015	17 356.8	17.08	932.52	20.18	19 113.3	40.71
2016—2019	-3 166.10	-2.66	180.47	3.26	340.8	0.52
1978—2019	-4 523.30	-3.75	3 192.29	126.31	35 907.80	117.82

资料来源：根据《中国农村统计年鉴（2020）》原始数据计算得到。

1. 粮食产量大幅增长阶段（1978—1984 年）

1978—1984 年，粮食产量增长了 33.65%，是在粮食播种面积减少6.39%、单产增长 42.77%的情况下实现的，这个阶段也是粮食单产增长最快的时期。家庭联产承包责任制的实施，极大地调动了农民生产的积极性，加上良种、化肥和基础设施建设等的促进作用，极大提高了粮食的单产水平。1984年粮食产量突破 40 000 万吨大关，比 1978 年增长了 33.65%，年均增长4.95%。这一阶段，尽管粮食播种面积从 1978 年的 120 587.30 千公顷减少到1984 年的 112 883.90 千公顷，即减少了 7 703.4 千公顷，但是粮食单产水平从1978 年的 2 527.34 千克/公顷提高到 1984 年的 3 608.8 千克/公顷，提高了约42.79%，粮食单产水平的大幅度提高推动了粮食总产量的快速增长。

2. 粮食产量波动增长阶段（1985—1998 年）

1985—1998 年，粮食产量在周期波动中逐步提高。此阶段在粮食播种面积小幅增长的情况下，粮食单产提高了 29.26%。从 1985 年起，中国粮食生产处于徘徊状态。1985 年粮食产量为 37 910.8 万吨，比上年减产 2 819.70 万吨，减幅为 6.92%。1986 年和 1987 年国家提高了粮食定购价格，粮食产量略有回升，但 1988 年又减产 1 065.00 万吨，比上年减少 2.63%。1989 年，粮食增产1 346.80 万吨，比上年增长 3.40%。1990 年粮食进一步增产到 44 624.30 万吨，增幅达 9.49%，是改革开放以来粮食增产幅度最大的一年。1991 年南涝北旱，全国粮食总产量为 43 529.30 万吨，比上年减产 1 095 万吨。1993 年粮食产量达到 45 648.80 万吨，比上年增产 1 383 万吨，增幅为 3.12%。1994 年，粮食产量再次下跌，比上年减产 1 138.7 万吨，减幅为 2.49%。1995 年的粮食产量达到 46 661.8 万吨，比 1994 年增长 4.7%，单产达到 4 239.7 千克/公顷，比上年增长 3.60%，人均粮食产量达到 385.3 千克。1996 年粮食总产量达到50 453.5 万吨，比上年增长 3 791.7 万吨，增幅为 8.13%，主要由于国家大幅度提高了粮食收购价格，提高了农民种粮积极性。1997 年，粮食产量为49 417.1 万吨，比上年有所减少。1998 年，粮食产量再次突破 50 000 万吨大关，达到 51 229.5 万吨，比上年增长了 3.67%，比 1984 年增长 25.77%，但年均增速仅为 1.65%。

3. 粮食产量连年下降阶段（1999—2003 年）

1999—2003 年，这是改革开放以来少有的粮食产量连年下降的时期，粮食播种面积和单产水平双双下降导致粮食减产 15.28%。2003 年粮食总产量为43 069.00 万吨，比 1998 年减少 8 160.5 万吨，减少了约 15.93%，年均递减3.41%。1998—2003 年，粮食播种面积净减少 14 378.06 千公顷，减幅为12.64%。粮食单产从 1998 年的 4 502.17 千克/公顷下降到 2003 年的 4 332.46

千克/公顷，降幅约为 3.77%。

4. 粮食产量连年增长阶段（2004—2015 年）

这是历史上少有的粮食连年增产的时期，其中 2007—2012 年连续 6 年粮食产量稳定保持在 50 000 万吨以上，2013—2015 年连续 3 年粮食产量达到 60 000 万吨以上。这一阶段，粮食产量的增长来自粮食播种面积和单产水平的共同增长。2004—2015 年，粮食产量从 46 947.00 万吨增长到 66 060.3 万吨，净增 19 113.3 万吨，累计增幅约为 40.71%，年均增长 3.15%；粮食播种面积从 101 606.20 千公顷增加到 118 963 千公顷，净增 17 356.8 千公顷，累计增幅约为 17.08%，年均增长 1.44%，是自改革开放以来粮食播种面积增长最大的阶段；粮食单产从 4 620.49 千克/公顷增长到 5 553.01 千克/公顷，净增 932.52 千克/公顷，累计增长约 20.18%，年均增长 1.69%。

5. 粮食产量稳步增长阶段（2016 年至今）

此阶段，粮食产量增长速度有所放缓，但仍然呈现稳步增长态势。2016—2019 年，连续 4 年粮食产量达到 60 000 万吨以上，粮食播种面积减少了 2.66%，粮食单产提高了 3.26%，播种面积的下降和粮食单产的提高双重影响使粮食总产量增长了 0.52%。这一时期粮食播种面积减少的主要原因是政策调整。受上一轮粮食增产的影响，国家的粮食出现生产量、进口量、库存量"三量齐增"现象，去库存压力巨大。2015 年 11 月 10 日中央提出供给侧结构性改革，农业生产主动采取了结构调整。而结构调整的重点是减少非优势区的玉米播种面积，因此造成了此阶段粮食播种面积的减少。

3.2.3 粮食生产区域变化

中国幅员辽阔，各地区的自然、经济和社会条件等存在较大差异。随着城镇化和工业化的不断发展，中国各地区的粮食生产发生了相应变化（诺伊曼等，2010①；徐磊 等，2013②）。汪希成和徐芳（2012）③ 认为，从改革开放以来，中国粮食生产中心逐渐北移，粮食生产的区域格局发生变化，"南粮北调"的粮食生产格局不复存在。田红宇等（2016）④ 认为，中国粮食生产区域

---

① NEUMANN K, VERBURG P H, STEHFEST E, et al. The yield gap of global grain production: a spatial analysis [J]. Agricultural systems, 2010, 103 (5): 316-326.

② XU L, ZHANG Q, ZHOU A L, et al. Assessment of flood catastrophe risk for grain production at the provincial scale in China based on the BMM method [J]. Journal of integrative agriculture, 2013, 12 (12): 2310-2320.

③ 汪希成，徐芳. 我国粮食生产的区域变化特征与政策建议 [J]. 财经科学，2012 (4): 80-88.

④ 田红宇，祝志勇，刘魏. 粮食"十一连增"期间生产区域格局的变化及成因 [J]. 华南农业大学学报（社会科学版），2016，15（2）：90-101.

格局出现明显的变化，东南沿海、南方等发达省份的粮食播种面积、产量出现萎缩现象，以东北三省为代表的北方地区的粮食产量增长迅速，粮食生产格局从"南粮北调"转变为"北粮南运"。由此可见，改革开放以来中国粮食生产区域格局确实存在变化，有必要对其进行详细分析。为了同农业机械化水平的区域变化情况联系起来，参照农业机械化水平的区域划分标准，本小节以四大经济区域为研究对象分析粮食生产的区域变化情况（见图3-12、图3-13和图3-14）。

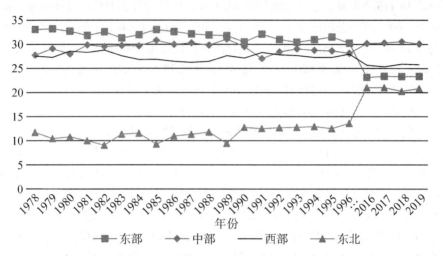

图3-12 1978—2019年中国四大地区粮食产量占全国粮食总产量的比例（单位:%）

（资料来源：历年《中国农村统计年鉴》，数据经作者加工处理得到）

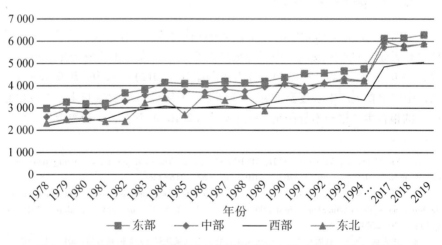

图3-13 1978—2019年中国四大地区粮食单产水平（单位：千克/公顷）

（资料来源：历年《中国农村统计年鉴》，数据经作者加工处理得到）

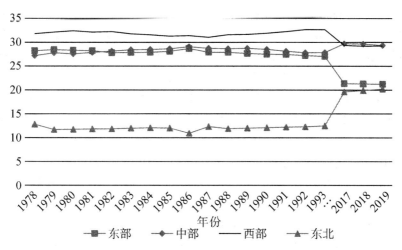

图3-14　1978—2019年中国四大地区粮食播种面积占全国粮食总播种面积的
比例（单位:%）

（资料来源: 历年《中国农村统计年鉴》，数据经作者加工处理得到）

总体来看，1978—2019年，中国东部地区粮食生产地位显著下降，粮食产量和粮食播种面积在全国的占比不断减少；而东北地区粮食生产地位明显提升，粮食产量和粮食播种面积在全国的占比不断增加，2019年，东北三省贡献了全国粮食产量的五分之一，是中国名副其实的最大粮仓。

具体来看，1978年，中国东部地区粮食产量占全国粮食总产量的比例为33.07%，位居四大地区之首；到2019年，粮食产量占比下降到23.31%，减少了9.76个百分点，位居四大地区的第三位。东部地区粮食产量占比虽然呈下降趋势，但是粮食单产水平一直居于全国领先水平。1978—2017年，中国东部地区粮食单产从2 972.50千克/公顷增长到6 284.49千克/公顷，增加了约1.11倍。东部地区粮食播种面积占比的下降是该地区粮食产量占比下降的主要原因。1978—2019年，中国东部地区粮食播种面积占全国粮食总播种面积的比例从28.21%下降到21.22%，减少了6.99个百分点。

1978年，中国中部地区粮食产量占比略高于西部地区，为27.70%；到2019年，中部地区粮食产量占比上升到30.08%，增长了2.38个百分点，位居四大地区之首，贡献了全国粮食产量的近1/3。中部地区粮食产量占比不断提升的原因是单产水平的提高和播种面积的增长。1978—2019年，中部地区粮食单产从2 585.18千克/公顷增长到5 866.57千克/公顷，增加了约1.27倍；粮食播种面积占比从27.17%增加到29.33%，增长了2.16个百分点。

1978年，中国西部地区粮食产量占比为27.54%；到2019年，西部地区粮食产量占比下降到 25.80%，减少了 1.74 个百分点，减少幅度相对较小，粮食产量占比大于东部地区，位居四大地区的第二位。西部地区粮食产量占比减少幅度较小的原因在于单产水平的提高和播种面积的下降幅度较小。1978—2019 年，西部地区粮食单产从 2 195.68 千克/公顷增长到 5 048.41 千克/公顷，增长了约 1.30 倍，高于全国平均增速；而粮食播种面积占全国粮食总播种面积的比例从 31.80% 下降到 29.23%，减少了 2.57 个百分点，小于东部地区的减少幅度。

1978 年，中国东北地区粮食产量占比为 11.69%；但到 2019 年，东北地区粮食产量占比上升到 20.80%，增长了 9.11 个百分点，增长幅度最大。东北地区粮食产量占比大幅度增长的原因不仅有粮食单产水平的大幅提高，还有粮食播种面积的不断扩大。1978—2019 年，东北粮食单产从 2 313.37 千克/公顷增长到 5 884.06 千克/公顷，增长了约 1.54 倍，是四大地区中增长幅度最大的地区；粮食播种面积占全国粮食总播种面积的比例从 12.82% 上升到 20.22%，增长了 7.40 个百分点。由此可见，东北地区用不到 10% 的土地面积种植了全国 1/5 的粮食。

3.3　农业机械化发展对粮食生产的影响路径

3.3.1　农业机械化发展与粮食生产的关系

通过梳理农业机械化发展和粮食生产的演变过程，可以发现农业机械化发展与粮食生产之间存在密切的联系。粮食生产的变动趋势同农业机械化水平的变动趋势具有一致性，一般情况下，在农业机械化发展速度较快的时期粮食产量增加明显，农业机械作为劳动力的替代要素在粮食生产中扮演着越来越重要的角色。

从长期来看，农业机械化水平的提高有助于促进中国粮食产量的增长。其主要原因在于农业机械实现对人工劳动的有效替代，成功解决了粮食生产过程中劳动力短缺的现实难题。从图 3-15 中可以看到，改革开放以来，中国粮食产量从 1978 年的 30 476.50 万吨增加到 2019 年的 66 384.30 万吨，是在中国农业机械总动力从 11 749.60 万千瓦增加到 102 758.3 万千瓦、第一产业从业人数从 28 318 万人减少到 19 445 万人的人机运动变化中实现的。农业机械化水平的不断提高消除了农业劳动力短缺给粮食生产带来的不利影响，在保障粮食生产的同时也提高了劳动生产效率，提高了粮食产量。从过去的"秋收时节人倍忙"到现在的"上午地里谷，中午袋里粮"，农业机械化发展使大量劳动力从农业中解放出来，提高了农业生产效率。分阶段来看，1978—2004 年，第一产业从业人员数量大且变动小，中国粮食依靠劳动力的精耕细作实现了粮食产量的增长。进入 20 世纪以来，随着城镇化和工业的不断发展，农业劳动力大量转移到非农产业，第一产业从业人员数量呈现下降趋势。而随着 2004 年《中华人民共和国农业机械化促进法》的颁布实施，以及农机购置补贴政策的启动，农业机械总动力呈现快速增长势头。2004—2020 年粮食生产实现"十七连丰"，这当中农业机械化发挥了重要的物质技术支撑作用。

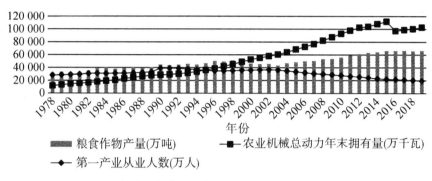

图 3-15　1978—2019 年中国粮食作物产量、第一产业从业人数和农业机械总动力
（资料来源：《中国统计年鉴 2020》）

　　另外，粮食产量的提高会促进农业机械化发展。中国粮食产量的增减主要受到单产水平和播种面积变化的影响。当粮食产量增长主要受播种面积增加的影响时，扩大的播种面积需要更多的农业机械或者机械服务参与到粮食生产中，增长的农机需求促进了本地农机保有量的增长，同时扩大的农业机械化市场规模也刺激了周边地区的农业机械跨区参与市场竞争。当粮食产量增长主要受单产水平提高的影响时，一方面，收获增加的粮食需要更多的农业机械作业；另一方面，改良粮食品种导致粮食单产水平提高，粮食新品种的生产需要新型农业机械与之相适应，从而促进农业机械改良升级、结构调整。

　　当农业机械化水平进一步提高以后，又反过来促进粮食产量的增长，因此农业机械化发展和粮食生产之间的关系是相互的。在历史的长河中，农业机械化水平的提高会促进粮食增产，而粮食产量的增长也会刺激农业机械化发展。研究农业机械化发展对粮食生产的影响，应明确两者的因果关系，即农业机械化发展和粮食生产是相互影响的。本书主要研究农业机械化发展对粮食生产的影响，对于粮食产量的增长对农业机械化发展的影响默认为此影响产生后又反过来促进粮食产量的增长。这是本书研究的前提条件之一。

3.3.2 影响路径

农业机械化是农业现代化的重要标志。从农业机械化发展和粮食生产的历史演变中发现，农业机械化水平的提高对中国粮食产量的增长具有促进作用。当前正处于"百年未有之大变局"的现实背景下，加快推进农业机械化发展，对于提高农业装备水平、保障国家粮食安全等具有重要意义。为了凸显农业机械化发展对粮食生产的重要影响，需要先分析农业机械化发展如何影响粮食生产、其具体的影响路径何在。为此，本节将具体分析农业机械化发展对粮食生产的影响路径，为本书搭建后续研究的逻辑框架。具体见图3-16。

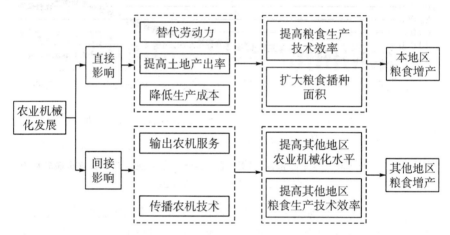

图3-16　农业机械化发展对粮食生产影响的作用机理

1. 农业机械化影响粮食产量的途径

一是农业机械化通过影响粮食单产水平提高粮食产量。农业机械化使用能提高农业劳动生产率和资料利用效率，并通过农机跨区作业促进农机技术的传播，提高粮食生产中劳动力、土地、化肥、农药、农业机械和技术等投入要素的利用效率，从而促进粮食生产技术效率的提高，提高粮食单产水平，进而实现粮食增产的目的。

二是农业机械化通过影响粮食播种面积提高粮食产量。农业机械的使用能减少生产过程中的用工数量和用工时间，降低生产成本，使专业大户和家庭农场通过增加粮食播种面积获得规模优势，实现利润最大化目标。并且，农业机械的使用也能为兼业农户带来更多的农业生产闲暇时间，从而增加兼业农户的非农收入或者满足兼业农户休息需求，实现家庭福利效益最大化目标。因此，伴随农业机械化水平的提高，农户会更倾向于种植易于机械化操作的大田粮食作物，从而提高粮食播种面积占农作物播种面积的比重，进而实现粮食增产的目的。

2. 农业机械化对粮食产量的具体影响

农业机械化水平的提高不仅直接影响本地区的粮食增产，还随着农机跨区作业间接带动其他地区的粮食增产，形成一种间接的空间溢出效应。因此，分析农业机械化发展对粮食生产的影响路径主要从直接影响和间接影响两个角度展开。

（1）直接影响

从直接影响来看，农业机械化发展实现了对农业劳动力的要素替代，提高了土地产出率，降低了生产成本，从而影响粮食生产技术效率和粮食播种面积，进一步影响粮食产量。

首先，农业机械实现了对农业劳动力的要素替代，提高了粮食生产的劳动效率，从而稳定粮食播种面积，长期来看有利于增强农户扩大粮食播种面积的意愿。随着工业化、城镇化进程的加快，大量青壮年农业劳动力向非农产业和城镇转移，造成农业劳动力的严重短缺。在此背景下，农业机械成为粮食生产中必不可少的生产要素，有效解决了劳动力短缺影响粮食生产的问题。彭代彦（2005）[1] 的调查结果显示，在水稻主产区之一的湖北省仙桃市，由于农忙时节劳动力不足的问题，当地农户只有选择种植一季稻。水稻是典型的劳动密集型农作物，在插秧和收割环节需要投入大量的劳动力。如果种植双季稻，早稻收割和晚稻插秧必须在约两周的时间内完成，劳动强度大，再加上酷热的天气，一些农户只好放弃或者减少双季稻的种植规模，相应降低了水稻生产的复种指数，抑制了单产潜力的发挥。如果能弥补农业劳动力的季节性不足，那么稻谷产量可以实现增产近三成。而农业机械恰好能有效替代人工劳动，降低劳动力的劳动强度，弥补农业劳动力的季节性短缺，从而有效解决农业劳动力季节性短缺带来的粮食播种面积减少问题。农户的种植决策行为会受到农业机械化水平高低的影响，为了便于使用农业机械农户会倾向于种植大宗粮食作物。因此，农业机械化能有效避免劳动力缺失造成的土地撂荒现象，从而稳定粮食播种面积。

其次，农业机械化有利于提高土地产出率，从而提高粮食生产技术效率，进一步影响粮食单位面积产量。传统农业依靠人工劳动的精耕细作不断提高土地产出率，而在现代农业中，农业机械实现对人工劳动的有效替代而成为农业

---

① 彭代彦. 农业机械化与粮食增产 [J]. 经济学家，2005（3）：50-54.

生产的重要生产要素，农业机械带来的现代意义的精耕细作成为提高土地产出率的新手段。农业机械化有利于达到人畜力无法达到的作业效率和作业质量，做到定时、定量、定位、保质保量地完成高精度作业。例如在耕种环节，依靠人工耕地、松地和整地难以达到使用农业机械作业达到的深度和标准，而这正是提高土壤肥力的关键。土壤作为农作物生长、发育的基础，在年复一年的耕作中以及大量不科学地施用化肥的影响下，土壤肥力不断下降。而机械化深松整地能有效地改善土壤的通透性，有助于矿物质分解、活化微生物、培肥地力。在播种环节，使用精量机械播种能节约种子、水和耕地资源。例如水稻机械化抛秧比人工插秧能节省 20%～30% 的种子、20%～30% 的水、85%～90% 的秧田，从而实现增产 10%～20%（彭澧丽 等，2011）①。在田间管理环节，用机械深施基肥可以显著提高化肥的利用效率。在施肥量不变的情况下，可实现增产 5%～10%；而如果是以产量不变为前提，则可节约 20% 以上的肥料。在收获环节，使用农业机械不仅可以提高收割效率，还可以减少使用人工收割造成的损失。传统的人工收割小麦、水稻，一般会经历 5 道工序，即收割、捆绑、装运、碾打和清选，在工序转换过程中难免出现损失，又因为中间工序较多，损失率通常为 10%～12%；但使用联合收割机能将上述 5 道工序的工作缩减为一道工序，避免了工序转换造成的损失，使损失率降至 3% 左右。

最后，农业机械化有利于降低生产成本。随着农业劳动力价格不断上升，使用农业机械极大地减少了生产过程中的劳动用工量和用工时间，降低了人工费用。粮食作物应用机械化的难度要小于经济作物，因此对于降低人工成本的作用显著高于经济作物。虽然农业机械的使用也会增加生产成本中的物质与服务费用，但是农用机械适宜规模化生产，带来的规模经济使土地、资本、劳动力等生产要素的配置更加趋向合理，分摊了使用机械所增加的物质与服务费用，从而获得更大的经营效益。另外，为促进农业机械化的发展，国家从 2004 年开始启动实施农机购置补贴政策。该政策实施以来为农户缓解了大额农机购置的资金压力，降低了农机投入成本，进一步节约了粮食生产过程中的物质与服务费用。进入 21 世纪以来，跨区农机作业和农机社会化服务的发展使农业机械从单纯的"私人拥有"向"共享服务"发展，充分利用粮食作物生产的地区季节性差异，降低了农业机械的闲置成本，使农户在享受农业机械服务的同时也避免付出高额的农机购置费用，这在一定程度上也能降低粮食生

---

① 彭澧丽，杨重玉，龙方. 农业机械化对粮食生产能力影响的实证分析：以湖南省为例 [J]. 技术经济，2011，30（1）：34-38.

产过程中的物质与服务费用。

（2）间接影响

从要素流动理论的视角来看，农业劳动力作为重要的生产要素可以在市场中自由流动，那么农业机械替代农业劳动力成为重要的生产要素后，也可以在市场中自由流动，农业机械的影响从自身内部区域范围扩展到其他相邻地区。因此，一个地区的农业机械化发展，不仅能够通过直接影响促进本地区的粮食增产，还可以通过间接影响促进其他地区的粮食增长，即存在空间溢出效应。

为了规避耕地细碎化对农业发展的约束，中国农民很早就利用农作物生长时间差提供跨区域的割麦服务，俗称"麦客"（田富强 等，2006）①，最终演变为今天的大规模农机跨区作业。农机跨区作业为实现中国农业机械化发展贡献了创新力量，促进了农业机械化整体水平的进一步提高，并由此带来了农业机械化发展的空间溢出效应（杨进 等，2013）②。以农机跨区作业为传播媒介，农业机械化水平较高的地区向农业机械化水平较低的地区输出农机服务，并传播先进农机技术，促进了其他地区农业机械化水平的提高，最后通过提高的农业机械化水平实现其他地区的粮食增产。

一方面，农机跨区作业为其他地区输入农机服务。在中国部分地区，由于农户资金有限或经营耕地的规模较小，直接投资农业机械的机会成本过高，所以农户自购农机种植粮食的意愿较弱。农户虽不愿意购买农机，但是却认同机械化种植带来的省力作用，愿意购买农机服务，为农机跨区作业带来的溢出效应提供了重要支撑。而通过农机跨区作业能充分利用闲置的农业机械，提升了机械的使用效率，提高了其他地区的农业机械化水平，从而通过农业机械化对粮食生产的直接影响作用提高了其他地区的粮食产量。

另一方面，农机跨区作业有助于农机技术的传播。由于自然、经济和社会的多方面影响，中国农业机械化发展存在区域不平衡问题，农机技术的传播受到限制，而通过农机跨区作业，可以将一个地区的农机技术扩散到其他地区，实现农机技术的外溢。因此，农业机械跨区作业为周边地区农业劳动力"向他人学习"创造了条件，从而加速农机技术的传播与交流。在粮食生产过程中，不同环节的机械化作业难度不同，加上不同农机产品存在地域的可行性、适应性和经济性的不同，导致粮食生产各环节的农机推广效果存在较大差异。

---

① 田富强，胡钢，池芳春. 农村劳动力流动视野下的麦客研究 [J]. 安徽农业科学，2006（10）：2297-2298.

② 杨进，郭松，张晓波. 农机跨区作业发展：以江苏沛县为例 [J]. 中国农机化学报，2013，34（2）：14-19.

本地区农机手在跨区作业过程中亲自示范先进农机的操作方法、传播先进的粮食生产技术，使周边地区农业劳动者通过"看中学"，更易于掌握先进的农机技术。

综上所述，农业机械化发展对粮食生产的影响既有直接影响又有间接影响，如果不考虑农业机械化发展对粮食生产的空间溢出效应，那么就会高估当地农业机械化发展对粮食生产的直接影响，低估其总影响（即直接影响和间接影响的总和）。在接下来的章节中我们将具体探讨农业机械化发展对粮食生产技术效率、粮食播种面积的影响，最后分析农业机械化发展对粮食产量的直接影响和间接影响。

4　农业机械化发展对粮食生产技术效率的影响

从第3章的理论分析中得到，农业机械投入对粮食产量的影响路径主要有两个：一个是影响其粮食生产技术效率，一个是影响其播种面积。因此，这一章将从农业机械化对粮食生产技术效率的影响出发进行实证分析。伴随中国工业化和城市化的快速发展，中国粮食需求呈刚性增长，单纯依靠增加生产投入要素的"粗放型"生产方式不可持续，中国粮食生产要实现持续增长，提高粮食生产技术效率是关键。而农业机械作为现代物质条件装备的重要组成部分，对提高粮食生产技术效率具有重要意义。

从第2章的文献回顾中可以看到，当前学者普遍认为农业机械化发展会影响粮食生产技术效率，但对其影响机理的分析不够深入。另外，学者们更多关注农业机械化对粮食生产技术效率的直接影响，而没有考虑空间因素，对于农业机械化带来的粮食生产技术效率的空间溢出效应研究较少。因此，本章在进行机理分析的基础上，实证农业机械化发展对粮食生产技术效率的直接影响和空间溢出效应，即一个地区的粮食生产技术效率不仅受到本地区农业机械化发展的影响，还受到其他区域农业机械化发展的影响。

4.1　机理分析和研究假说

4.1.1　机理分析

粮食生产技术效率是衡量粮食生产过程中土地、劳动力、农业机械和化肥等投入要素是否被充分利用的指标。农业机械化在实施过程中，通过提高劳动生产率、提高资源利用效率和促进农机技术的传播三个方面提高了粮食生产中劳动力、土地、化肥、农药、农业机械和技术等投入要素的利用效率，从而促进了粮食生产技术效率的提高。下面将针对农业机械化通过不同路径提升粮食生产技术效率的作用机理展开具体分析。详见图4-1。

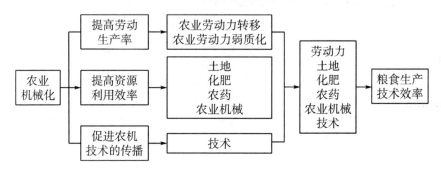

图4-1　农业机械化对粮食生产技术效率的影响机理

1. 提高劳动生产率

农业机械的使用提高了劳动生产率，实现了劳动力资源的充分利用，从而促进了粮食生产技术效率的提高。

一方面，农业机械化过程实现了农业机械对农业劳动力的有效替代，改变了农业生产动力，在确保粮食产量不变的前提下能大幅减少用工数量，从而提高劳动生产率。劳动生产率提高后能缩短粮食生产各个环节的作业时间，保障粮食生产各环节的及时性，促进粮食作物的正常生长，进而间接提高粮食产出水平。

另一方面，农业机械对农业劳动力的有效替代，避免了农业劳动力质量下降引起的粮食生产技术效率下降，从另一个角度促进了粮食生产技术效率的提高。随着工业化、城镇化进程的逐步推进，中国农村地区的青壮年劳动力不断向非农产业转移，从事农业生产的劳动力剩下妇女和老人。此部分劳动力属于弱质群体，不适宜高强度的劳动作业。而农业机械化的过程是农业分工和专业化不断深化的过程，农业生产分工催生农机社会化服务，使弱质化劳动力能够通过购买农机社会化服务实现粮食的机械化生产，从而有利于提高粮食生产技术效率。

2. 提高资源利用效率

农业机械作业能实现土地、化肥、农药和农业机械等资源的充分利用，从而提高粮食生产技术效率。

第一，使用农业机械对土地进行精准耕整能显著提高土地产出率。在耕种环节，使用农业机械进行深耕、深松或整地作业，能够有效提高土壤的肥力，提高粮食生产技术效率。在播种环节，使用精量机械播种能节约种子、水和耕地资源。在收获环节，使用农业机械不仅可以提高收割效率，还可以减少使用人工收割造成的损失。

第二，使用农业机械进行精准施肥能显著提高化肥的利用率。用机械深施基肥可以显著提高化肥的利用效率，在施肥量相同的情况下，可实现增产5%～10%；如果以产量不变为前提，则可节约20%以上的肥料。另外，使用播种施肥同步的农机具可以实现在播种时同步深施肥，从而减少施肥次数、提高肥料利用率。

第三，使用农业机械进行精准施药能显著提高农药的利用率。采用传统的人工调查的方法判断农作物的病虫草害情况，存在主观性强、工作量大、效率低等问题。随着科技的发展，运用搭载光谱技术的机器能快速获取农作物病虫草害信息，提高信息的精准度。另外，使用农业航空喷施农药可提高植保作业效率，并可实现在作物不同生长时期下田作业（达·库尼亚 等，2011）[1]。

第四，农机跨区作业能显著提高农业机械的利用率。农机跨区作业是农机社会化服务的成功实践，是农业机械化发展过程中农机资源优化配置的模式。在农机跨区作业过程中，本地区农业机械向周边地区输出，出现了不同地区共同使用同一农机的现象，即"农机共享"现象，有效避免了周边地区不必要的农业机械装备。众所周知，农业机械能够显著提升农业生产力，但囿于采购成本、日常维护、技术普及等多种因素，很多农户还没有条件购买和使用农业机械。而通过农机跨区作业，实现"农机共享"，农户不需要在农机的采购和保养上投入精力和资金，农机手也能够提高农机使用效益，提升农机资源的配置效率，解决"有田无机耕、有机无田耕"问题，显著提高了周边地区粮食生产技术效率。

3. 促进农机技术的传播

农机跨区作业为周边地区农业劳动力"向他人学习"创造了条件，促进了农机技术的传播与交流，从而提高粮食生产技术效率。农机跨区作业扩大了农机推广领域，促进了农机新机具、新技术的推广。农业机械的品种多样，涵盖农业生产中的各个环节，其操作技术各不相同；另外不同地区适用于不同类型的农机，例如地形平坦地区适合大中型农机作业，而丘陵和山区适合小型农机灵活作业。因此，上述差距导致农机技术的推广效果存在显著差异。本地区

---

① DA CUNHA J P A R, FARNESE A C, OLIVET J J, et al. Spray deposition on soybean crop in aerial and ground application [J]. Engenharia Agrícola, 2011, 31 (2): 343-351.

农机手在跨区作业过程中亲自示范先进农机的操作方法、传播先进的粮食生产技术，使周边地区农业劳动者通过"看中学"，吸取先进地区粮食生产的创新经验和教训，减少试错成本，从而提高粮食生产技术效率。另外，跨区作业的农机手会同周边地区的农机专业合作社形成竞争关系，提升农机市场的竞争程度，有利于减少垄断带来的效率损失，提高粮食生产技术效率。

4.1.2 研究假说

农业机械化通过提高劳动生产率、提高资源利用率和促进农机技术的传播等路径提高了粮食生产技术效率。由此，提出本书的研究假说。

$H_{4.1}$：农业机械化水平的提高不仅能有效提高本地区的粮食生产技术效率，还对相邻地区的粮食生产技术效率存在正向空间溢出效应。

4.2 方法设计与数据来源

4.2.1 粮食生产技术效率的测算方法

生产前沿分析方法是测算技术效率的重要方法，而生产前沿分析方法又分为非参数法和参数法，具体指非参数下的数据包络分析法（data envelopment analysis，DEA）和参数下的随机前沿分析法（stochastic frontier approach，SFA）。数据包络分析法是通过确定生产前沿面刻画生产技术水平的高低的方法，理论来源于法雷尔（1957）提出的"前沿效率分析方法"①，在测算技术效率过程中无须事先对生产函数和参数权重进行任何设定，从而避免了主观因素对结果产生的影响，而且可以研究多种投入对应多种产出的问题，提供综合技术效率、纯技术效率和规模效率三个指标。但是该方法无法将随机误差从技术非效率中分离出来，影响所测算效率的准确性。随机前沿分析法是通过事先设定后的参数构造随机的生产前沿面测算技术效率，在多投入对应单一产出研究方面应用广泛。但是随机前沿分析法能将技术非效率和随机扰动项区分开来，从而避免随机扰动和技术效率共同作用使产出偏离随机前沿生产函数结果，提高预测结果的准确性。并且，构造的技术非效率方程可以进一步分析技术效率的影响因素。而数据包络分析无法识别宏观经济数据中的统计误差

---

① FARRELL M J. The measurement of productive efficiency [J]. Journal of the royal statistical society. Series A (General), 1957, 120 (3)：253-290.

（谢建国，2006）①，使用随机前沿分析法更加符合本书的研究目的。因此，本章选择随机前沿分析法对粮食生产技术效率进行测算。

在投入指标方面，参考大多数学者的设置方法（乔世君，2004②；曾雅婷等，2018③），选择土地（area）、劳动力（l）、农业机械（m）、农用化肥（f）四种投入要素。选择粮食产量（p）作为产出指标。另外，为保证投入指标和产出指标口径的一致性，本书借鉴刘春民等（2019）④ 的研究结论并采用权重系数法调整劳动力、农业机械、农用化肥相关数据：①劳动力投入 = 农林牧渔业从业人员数×（农业产值/农林牧渔业总产值）×（粮食播种面积/农作物总播种面积）；②机械总动力投入 = 农业机械总动力×（粮食播种面积/农作物总播种面积）；③化肥投入 = 农业化肥用量×（粮食播种面积/农作物总播种面积）。具体指标见表4-1。

表4-1　粮食生产技术效率投入产出指标

指标	变量	变量说明
产出	粮食产量 p	粮食总产量
投入	土地（area）	粮食作物播种面积
	劳动力（l）	农林牧渔业从业人员数×（农业产值/农林牧渔业总产值）×（粮食播种面积/农作物总播种面积）
	农业机械（m）	农业机械总动力×（粮食播种面积/农作物总播种面积）
	农用化肥（f）	农用化肥施用量×（粮食播种面积/农作物总播种面积）

在实际估算过程中选用灵活性较强的超越对数生产函数，并用时间趋势变量反映制度变迁和技术进步的影响。不同于柯布-道格拉斯生产函数，超越对数生产函数服从正态-截尾正态分布，可以更好地对数据进行拟合，并且可以反映出解释变量对被解释变量的交互作用。具体形式如下：

---

① 谢建国.外商直接投资对中国的技术溢出：一个基于中国省区面板数据的研究 [J].经济学（季刊），2006，5（4）：1109-1128.

② 乔世君.中国粮食生产技术效率的实证研究：随机前沿生产函数的应用 [J].数理统计与管理，2004（3）：11-16，64.

③ 曾雅婷，李宾，吕亚荣.中国粮食生产技术效率区域差异及其影响因素：基于超越对数形式随机前沿生产函数的测度 [J].湖南农业大学学报（社会科学版），2018，19（6）：13-21，36.

④ 刘春明，陈旭.我国粮食生产技术效率及影响因素研究：基于省际面板数据的Translog-SFA模型的分析 [J].中国农机化学报，2019（8）：201-207.

$$\ln p_{it} = \beta_0 + \beta_{area}\ln area_{it} + \beta_l \ln l_{it} + \beta_m \ln m_{it} + \beta_f \ln f_{it} + \beta_{aa}(\ln area_{it})^2 +$$
$$\beta_{ll}(\ln l_{it})^2 + \beta_{mm}(\ln m_{it})^2 + \beta_{ff}(\ln f_{it})^2 + \beta_{al}\ln area_{it}\ln l_{it} +$$
$$\beta_{am}\ln area_{it}\ln m_{it} + \beta_{af}\ln area_{it}\ln f_{it} + \beta_{lm}\ln l_{it}\ln m_{it} + \beta_{lf}\ln l_{it}\ln f_{it} +$$
$$\beta_{mf}\ln m_{it}\ln f_{it} + \beta_{t1} + \beta_{t2}t^2 + \beta_{t3}t\ln area_{it} + \beta_{t4}t\ln l_{it} + \beta_{t5}t\ln m_{it} +$$
$$\beta_{t6}t\ln f_{it} + v_{it} - u_{it} \qquad (4-1)$$

粮食生产技术效率受多种外生性因素的影响。参考相关文献，本书在构建技术效率方程影响因素时选择农业机械总动力和灌溉率① （irr）两个主要因素②。具体效率损失模型如下：

$$u_{it} = z_{it}\delta + c_{it} \qquad (4-2)$$

$$z_{it}\delta = \delta_0 + \delta_1\ln m_{it} + \delta_2 irr_{it} \qquad (4-3)$$

技术效率为 $te_t = \exp(-u_t)$ ，其中，i 表示省份，t 表示时期变量。u_{it} 表示 i 在 t 年的生产技术非效率项。（4-1）式中的 v_{it} 和（4-2）式中的 c_{it} 均为随机扰动项。用 $\gamma = \sigma^2/(\sigma^2 + \sigma_v^2)$ 统计量检验随机前沿生产函数设定的可靠性，该统计量越接近于 1，说明随机前沿生产函数模型设定越可靠。

4.2.2 空间计量方法

1. 空间自相关分析

地理事物之间普遍存在空间自相关现象，即地理距离越近的事物之间存在某种相似属性，这是进行空间计量分析的基础。因此，在使用空间计量方法实证分析前，检验事物空间自相关性的存在十分重要，现有主流文献主要使用全局 Moran's I 指数和 Geary's C 指数（莫兰，1950③；吉尔里，1954④）检验事物的空间自相关性。全局 Moran's I 指数在反映空间邻近地区的相似度上更具优势，故本书选择全局 Moran's I 指数作为测算指标，具体计算公式为：

$$I = \frac{\sum_{i=1}^{n}\sum_{j=1}^{n}W_{ij}(x_i - \bar{x})(x_j - \bar{x})}{s^2\sum_{i=1}^{n}\sum_{j=1}^{n}W_{ij}} \qquad (4-4)$$

---

① 灌溉率=有效灌溉面积/耕地总面积。

② 姚增福，郑少锋. 我国粮食主产区粮食生产技术效率进步与效率损失测度：基于随机前沿生产函数与省际数据分析 [J]. 电子科技大学学报（社会科学版），2010（6）：24-28.

③ MORAN P A P. Notes on continuous stochastic phenomena [J]. Biometrika, 1950, 37：17-23.

④ GEARY R C. The contiguity ratio and statistical mapping [J]. Incorporated statistician, 1954, 5 (3)：115-145.

在（4-4）式中，$s^2 = \frac{1}{n} \sum\limits_{i=1}^{n} (x_i - \bar{x})^2$，$\bar{x} = \frac{1}{n} \sum\limits_{i=1}^{n} x_i$，分别表示样本方差和样本均值。其中，$x$ 是指具体观测值，W_{ij} 是指空间权重矩阵，n 是指研究样本数量。普遍适用的空间权重矩阵并不存在，不同的空间权重矩阵设置会产生不同的空间计量结果（孙洋，2009)[①]。因此，本章通过比较地理邻近、地理距离和经济距离三种空间权重矩阵下全局 Moran's I 指数的显著性，确定更加符合现实情况的空间权重矩阵。其中，以是否相邻为判断依据，设置地理邻近权重矩阵，即相邻为 1，不相邻为 0，并按照行进行标准化处理；以各省份省会城市之间的欧式直线距离的倒数设置地理距离权重矩阵；以 2018 年各省份地区生产总值（GDP）为依据设置经济距离权重矩阵[②]。Moran's I 指数的绝对值越接近于 1，表示空间自相关性越强；反之越弱。正的 Moran's I 指数表示空间正自相关，即指空间集聚；反之为空间负自相关，即指空间离散。全局 Moran's I 指数反映整体空间的分布情况，不能反映局部空间的异质性，因此需要引入局部 Moran's I 指数进行分析。具体计算公式如下：

$$I_i = Z_i \sum_{i=1}^{n} W_{ij} Z_j \tag{4-5}$$

在（4-5）式中，$Z_i = X_i - \bar{X}$，$Z_j = X_j - \bar{X}$，X 为观测值；W_{ij} 为空间权重矩阵。

2. 空间计量模型

在经过空间相关性检验后进行空间计量分析。一般来说，目前学术界常见的空间面板计量模型有三种，即空间面板滞后模型（spatial panel data lag model，SPLM）、空间面板误差模型（spatial panel data error model，SPEM）和空间面板杜宾模型（spatial panel data Dubin model，SPDM）。空间面板滞后模型（SPLM）中考虑了因变量的空间滞后项，但是忽略了自变量的空间滞后项，学者们普遍认为这可能会导致遗漏变量的风险（勒萨热 等，2009[③]；埃尔霍斯特，2014[④]）。空间面板误差模型（SPEM）包含了随机干扰项的空间滞后

---

① 孙洋. 空间计量经济学模型的非嵌套检验方法及其应用 [D]. 北京：清华大学，2009.

② 此处选择以 2018 年各省份地区生产总值（GDP）为经济距离的测算依据的原因如下：一是农业机械尤其是大型农机的购买需要一定的经济实力；而购买农机服务也要以一定的经济实力为基础，因此农机跨区作业和地区经济实力密切相关，选择地区生产总值作为空间权重矩阵测算依据符合现实情况。二是 2018 年各省份地区生产总值同历年各省份地区生产总值以及 1998—2018 年各省份地区生产总值平均值相比，只存在数值的差异，各省份排名及占国内生产总值的比重变化不大，在经过标准化处理后差异更小，因此，选择 2018 年数值作为测算基础具有普遍适用性。

③ LESAGE J P, PACE R K. Introduction to spatial econometrics [M]. London：CRC Press，2009.

④ ELHORST J P. Spatial econometrics：from cross-sectional data to spatial panels [M]. Berlin：Springer，2014.

项，同样道理，也未考虑自变量的空间交互效应。而空间面板杜宾模型（SP-DM）包含了外生解释变量空间滞后项，其特殊形式是空间面板滞后模型和空间面板误差模型。空间面板杜宾模型作为一般化模型，同时包含内生变量和外生变量的空间滞后变量（比尔 等，2012)[①]，因此，其系数估计值比空间面板滞后和误差模型更能保证无偏性，并且空间面板杜宾模型还具有无限制空间溢出效应规模的优点（埃尔霍斯特，2010[②]；伍骏骞 等，2017[③]）。因此，为了研究农业机械对粮食生产技术效率的影响，本章采用空间面板杜宾模型进行空间计量分析。具体模型设定如下：

$$te_{it} = \beta_0 + \beta_1 \ln m_{it} + \beta_2 \, irr_{it} + \beta_3 \, dis_{it} + \beta_4 \, cps_{it} + \beta_5 \, edu_{it} +$$

$$\beta_6 \, aland_{it} + \gamma \sum_{j=1}^{n} W_{ij} \, te_{jt} + \delta \sum_{j=1}^{n} W_{ij} \ln m_{jt} + \mu_i + v_t + \varepsilon_{it} \qquad (4-6)$$

在（4-6）式中，W_{ij} 为空间权重矩阵；te_{it} 是被解释变量，表示 i 省份在 t 年的粮食生产技术效率；$\ln m_{it}$ 是解释变量，表示 i 省份在 t 年农业机械总动力的自然对数，用以衡量农业机械化水平。此处选取"农业机械总动力"作为农业机械化水平的指标的原因如下：一是本章研究的是农业机械跨区作业现象下的粮食生产技术效率的空间溢出效应，用"农业机械总动力"指标比"耕种收综合机械化率"等指标更能体现农业机械向外输出形成的跨区作业的特点。二是现有主流文献均采用"农业机械总动力"研究农业机械跨区作业的空间溢出效应（伍骏骞 等，2017）。$\sum_{j=1}^{n} W_{ij} \, te_{jt}$ 表示被解释变量粮食生产技术效率的空间滞后项，$\sum_{j=1}^{n} W_{ij} \ln m_{jt}$ 表示解释变量农业机械总动力的空间滞后项。另外，粮食生产技术效率还受到灌溉条件、灾害发生情况、作物种植结构、受教育情况以及种植规模等因素的综合影响，因此，选取灌溉率（irr）、灾害率（dis）、粮食作物种植结构（cps）、人力资本水平（edu）和人均耕地面积（aland）作为控制变量[④]。μ_i 和 v_t 分别表示个体和时间效应，ε_{it} 为残差项。

① BEER C, RIEDL A. Modelling spatial externalities in panel data: the spatial Durbin model revisited [J]. Papers in regional science, 2012, 91 (2): 299-318.

② ELHORST, J P. Applied spatial econometrics: raising the bar [J]. Spatial economic analysis, 2010, 5 (1): 9-28.

③ 伍骏骞，方师乐，李谷成，等. 中国农业机械化水平对粮食产量的空间溢出效应分析：基于跨区作业的视角 [J]. 中国农村经济，2017 (6): 44-57.

④ 灌溉率=有效灌溉面积/耕地总面积；灾害率=（粮食播种面积/农作物总播种面积）×（2×成灾面积+受灾面积）/农作物总播种面积；粮食作物种植结构=粮食作物播种面积/农作物总播种面积；人力资本水平=教育经费/总支出；人均耕地面积=耕地面积/乡村人数。

中国农业机械化经历了从小型化到大中型化的发展历程，跨区作业的农业机械主要是农用大中型拖拉机和联合收割机。因此，为研究不同农机类型对粮食生产技术效率带来的不同影响，将农业机械总动力进一步划分为大中型机械动力和小型机械动力。从数据的可获得性出发，用大中型农用拖拉机动力和小型拖拉机动力替代[①]。另外，在农村的实地调研中发现农用拖拉机是农用运输机械的主力军，农用拖拉机动力与农用机械总动力的相关程度高，并且跨区作业的农业机械通常由拖拉机运输。因此，选择不同类型的农用拖拉机动力表征农业机械的不同类型具有现实依据。为了分析不同农机类型带来的不同影响，进一步将农用大中型拖拉机动力和小型拖拉机动力作为解释变量纳入模型。具体模型如下：

$$\text{te}_{it} = \beta_0 + \beta_1 \ln \text{big}_{it} + \beta_2 \ln \text{small}_{it} + \beta_3 \, \text{irr}_{it} + \beta_4 \, \text{dis}_{it} + \beta_5 \, \text{cps}_{it} + \beta_6 \, \text{edu}_{it} +$$

$$\beta_7 \, \text{aland}_{it} + \gamma \sum_{j=1}^{n} W_{ij} \, \text{te}_{jt} + \delta_1 \sum_{j=1}^{n} W_{ij} \, \text{lnbig}_{jt} + \delta_2 \sum_{j=1}^{n} W_{ij} \, \text{lnsmall}_{jt} + \mu_i +$$

$$v_t + \varepsilon_{it} \tag{4-7}$$

在（4-7）式中，用 big 和 small 分别表示大中型和小型拖拉机动力，从而比较不同农业机械类型对粮食生产技术效率的影响差异。

3. 直接效应和间接效应

与经典回归模型不同，空间杜宾模型中纳入了空间因素的影响作用，能同时检验解释变量对被解释变量的直接影响和空间溢出效应。但（4-7）式不能直接显示直接影响和空间溢出效应结果，需要在此基础上进行进一步分解才能得到。本书参考勒萨热和佩斯（2009）[②]的研究，通过偏微分方法计算空间杜宾模型中解释变量对粮食生产技术效率的直接效应和空间溢出效应。具体计算公式为：

$$\left[\frac{\partial y}{\partial x_{1k}}, \frac{\partial y}{\partial x_{2k}}, \cdots, \frac{\partial y}{\partial x_{nk}} \right] = \begin{bmatrix} \dfrac{\partial y_1}{\partial x_{1k}} & \cdots & \dfrac{\partial y_1}{\partial x_{nk}} \\ \vdots & \ddots & \vdots \\ \dfrac{\partial y_n}{\partial x_{1k}} & \cdots & \dfrac{\partial y_n}{\partial x_{nk}} \end{bmatrix} =$$

---

① 本研究参照《中国农业机械工业年鉴（2019）》的标准，将动力值在 14.7 千瓦及以上的划分为农用大中型拖拉机，将动力值在 2.2~14.7 千瓦的划分为农用小型拖拉机。

② LESAGE J P, PACE R K. Introduction to spatial econometrics［M］. London：CRC Press, 2009.

$$(I_n - \rho W)^{-1} \begin{bmatrix} \beta_k & w_{12}\,\delta_k & \cdots & w_{1n}\,\delta_k \\ w_{21}\,\delta_k & \beta_k & \cdots & w_{2n}\,\delta_k \\ \vdots & \vdots & \vdots & \vdots \\ w_{n1}\,\delta_k & w_{n2}\,\delta_k & \cdots & \beta_k \end{bmatrix} \tag{4-8}$$

在（4-8）式中，对角线元素之和的平均值是指农业机械总动力对粮食生产技术效率的直接效应；相应地，非对角线元素之和的均值是指农业机械化总动力对粮食生产技术效率的空间溢出效应。

4.2.3 数据来源

本章的原始数据来源于 1999—2019 年《中国农村统计年鉴》《中国统计年鉴》《中国农业机械工业年鉴》，另外部分缺失数据来源于《新中国农业 60 年统计资料》和各省（区、市）统计年鉴。其中，农林牧渔业从业人员缺失数据参照邻近三年的数据，算出平均变化率再进行增减；2018 年的耕地总面积数据未公布，参照邻近三年的数据，发现变化较小，故采用 2017 年数据补齐缺失的 2018 年数据。需要说明的是本章在研究农业机械化对粮食生产技术效率的影响时，所用数据为省级面板数据，故农机跨区作业指农机的跨省作业。

主要变量的具体定义见上文所述，描述性统计结果见表 4-2，观测值均为 651 个。从表 4-2 中的结果看到，粮食生产技术效率均值为 83.26%，说明我国粮食生产达到了较高的生产水平；但是最大值和最小值之间的差距较大，说明我国粮食生产技术效率存在显著的时间和地区发展不平衡。表 4-2 中自然灾害率的最小值出现零值，此处的零值并不代表没有发生自然灾害，而是由于数据过小，在处理过程中四舍五入的结果。另外，灌溉率和粮食作物种植结构的最大值百分之百是经处理后的结果，因为某些年份和某些地区统计口径的不同导致依公式计算出的灌溉率和粮食作物种植结构大于百分之百，不符合现实逻辑，但通过查阅其他资料可见该年份该地区的灌溉条件和粮食种植比例相对较高，因此将其统一处理为百分之百，以此表示相对水平最高。

表 4-2　主要变量基本统计量

变量	单位	均值	中位数	标准差	最大值	最小值
p	万吨	1 744.01	1 380.3	1 454.73	7 506.8	34.1
area	千公顷	3 534.54	3 125.6	2 740.33	14 214.5	55.6
l	万人	337.9	302.49	277.23	1 560.62	8.15

表4-2(续)

变量	单位	均值	中位数	标准差	最大值	最小值
m	万千瓦	1 772.48	1 201.51	1 861.29	9 072.88	39.69
f	万吨	111.74	95.37	95.56	538.29	2.18
irr	%	57.43	63.35	23.34	100	19.64
te	%	83.26	87.5	11.87	97.91	47.69
dis	%	6.37	5.41	4.58	27	0
cps	%	66.2	67.15	12.56	100	32.81
edu	%	15.88	16	2.63	22.42	8.56
aland	公顷	0.19	0.13	0.17	1.05	0.03
big	万千瓦	323.68	110.56	497.63	3 103.87	0.52
small	万千瓦	486.13	261.14	670.85	3 830.16	0.83

4.3 实证分析

4.3.1 粮食生产技术效率的实证分析

1. 随机前沿生产函数估计结果及模型检验

本章利用 Frontier 4.1 软件对（4-1）式和（4-2）式进行联立估计，得到相应的参数估计值（见表4-3）。从表中可以看到，γ 的估计值为 0.893 7，接近于 1，且在 1% 统计水平上显著，说明带技术非效率项的随机前沿生产模型设定可靠。

随机前沿生产函数的估计结果中，从技术结构方程的参数来看，播种面积和农业机械总动力的一次项系数显著为正，表示播种面积的扩大和农业机械化总动力的提升有助于提高粮食生产技术效率；同时可以看到，上述两个变量的二次项系数却显著为负，由此表明从长远来看，粮食播种面积不断扩大和农业机械总动力不断提升后，会对粮食生产技术效率产生负向作用，由此证明了适度规模经营的重要性。农用化肥施用量的一次项和二次项系数均显著为负，说明合理施用化肥能促进粮食生产技术效率的提高，过度施用化肥不利于提高粮食生产技术效率。另外，农用化肥施用量和农业机械总动力的交叉项系数显著为正，说明合理施肥条件下，农业机械总动力的提高可以促进粮食生产技术效率的增长。

从技术效率方程的参数来看，农业机械总动力和有效灌溉率的系数都显著且为负，说明农业机械总动力越大、灌溉条件越好越能够降低技术损失率，即提高粮食生产技术效率。这也印证了本书的研究主题，即农业机械化发展对粮食生产技术效率有一定影响，为下文的农业机械化发展如何提高粮食生产效率做铺垫。同时也看到农业机械总动力系数值较小，说明农业机械总动力越大越对粮食生产有影响，但是也会带来农机闲置、资源浪费等负向影响。

表4-3　随机前沿生产函数的估计结果

技术结构方程			技术效率方程		
变量	系数估计	t 值	变量	系数估计	t 值
常数项	-4.194 8	5.397 1***	常数项	0.830 4	6.062 7***
lnarea	2.758 1	7.656 1***	ln$m$	-0.033 7	-1.795 8*
ln$l$	0.123	0.536 5	irr	-0.906 5	-8.463 2***
ln$m$	0.838 3	2.593***	σ^2	0.029 9	7.545 5***
ln$f$	-2.790 9	-6.740 4***	γ	0.893 7	20.572 6***
(lnarea)*(lnarea)/2	-0.307 2	-2.223 7**	对数似然值	450.61	—
(ln$l$)*(ln$l$)/2	0.034 8	0.477 4	LR	233.25	—
(ln$m$)*(ln$m$)/2	-0.166	-3.152 2***			
(ln$f$)*(ln$f$)/2	-0.681	-6.374 6***			
(lnarea)*(ln$l$)	-0.128 7	-1.775 6*			
(lnarea)*(ln$m$)	-0.244 2	-2.609 5***			
(lnarea)*(ln$f$)	0.681 1	7.325 9***			
(ln$l$)*(ln$m$)	0.200 4	4.196 8***			
(ln$l$)*(ln$f$)	-0.170 2	-3.995 5***			
(ln$m$)*(ln$f$)	0.228 6	3.6***			
t	-0.032 3	-1.690 6*			
$t*t$	0.000 8	2.334 6**			
$t*$lnarea	0.003 2	0.533 5			
$t*$ln$l$	-0.004 3	-1.210 7			
$t*$ln$m$	0.009 4	3.186 7***			
$t*$ln$f$	-0.008 5	-2.284**			

注：*、**、*** 分别表示在10%、5%、1%水平上显著。

为了检验（4-1）式和（4-2）式中模型设定的合适性，本书构建三种可选模型进行检验，如表4-4所示。检验1是验证随机前沿模型中是否存在无效率项，其检验表明，随机前沿生产函数是适用的。检验2是检验随机前沿生产函数中各个变量的形似是否设置合适，主要考虑是否选择二次项及其交叉乘积项，即检验二次型系数全为零的原假设，LR统计量在5%显著性水平下拒绝原假设，说明应选择Translog生产函数模型，而非传统的C-D生产函数模型。检验3是检验模型技术效率是否随时间变化，结果证实模型技术效率具有显著的时间效应，模型中应加入时间趋势项。综上所述，（4-1）式和（4-2）式中的模型设定在5%水平上都不能被拒绝，由此证明本书模型设定是合适的。

表4-4　随机前沿生产函数模型的似然比检验结果①

原假设（H_0）及其含义	对数似然值	LR	自由度	临界值（5%）	结论
$\gamma = 0$ 前沿生产模型不适用	333.98	233.25	3	9.35	拒绝
二次型系数全为零 C-D生产函数适用	360.25	180.72	15	27.49	拒绝
$\beta_t = 0$ 不存在技术变化	388.52	124.18	6	14.45	拒绝

2. 粮食生产技术效率分析

本书利用Frontier 4.1软件测算得到粮食生产技术效率值，如图4-1所示。图中的粮食生产技术效率值是指全国平均水平，即各年份31个省份粮食生产技术效率的算术平均值。1998—2018年全国粮食生产技术效率平均值为0.832 6，效率损失为0.167 4，达到了较高的生产水平。从图4-1中可以看到，1998—2000年，全国粮食生产技术效率从0.825 7减少到0.790 2，减少了0.035 5，主要是因为此阶段我国粮食生产资料的利用率下降，技术损失较大。2001—2008年，粮食生产技术效率从0.799 8增加到0.848 3，增加了0.048 5，在此阶段以农业机械为代表的农业各项生产要素不断优化，极大地推动了粮食生产技术效率的提高。2008—2018年，粮食生产技术效率从0.848 3减少到0.842 1，减少了0.006 2，此阶段我国粮食生产技术效率的增长速度放缓，略有下降，

---

① $LR = -2[\ln L(H_0) - \ln L(H_1)]$，其中$\ln L(H_0)$和$\ln L(H_1)$分别为有约束模型和一般模型的对数似然值，其近似服从于χ^2分布或混合χ^2分布，其自由度等于有约束模型中受约束条件的数目。在给定的显著性水平α情况下，如果有$LR < \chi^2_{\alpha(m)}$，则接受原假设，即约束条件成立；反之，拒绝原假设，一般模型有效。

此结果同伍国勇等（2019）①的研究结果具有一致性，导致此结果的原因主要与农业要素流失有关。随着城镇化和工业化水平的提高，农业同工业相比，比较效益偏低，因此资本、劳动力等生产要素集中流入非农产业，生产要素的非农转移会对粮食生产造成空间挤出，带来粮食生产技术效率的下降。

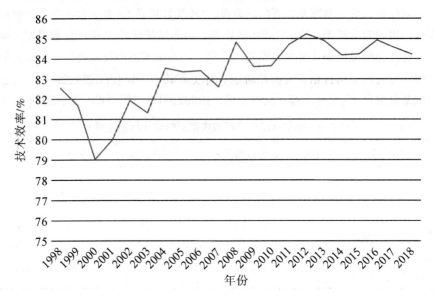

图 4-1　1998—2018 年中国粮食生产技术效率变化情况

1998—2018 年中国粮食生产技术效率的变化符合经济学中的"S 型曲线"理论。该理论具体是指：技术的发展走势像一条"S 型曲线"，当技术处于初始发展期时，增长速度缓慢；当技术越过初始期进入成长期后，增长速度迅速提升；一旦技术由成长期进入成熟期，增长速度趋于放缓；最后进入衰退期。旧技术进入衰退期后，受新增长动力的影响，会促成新技术"S 型曲线"的形成，如此循环往复。因此，中国粮食生产技术效率的进一步提升需要新动力。在农业机械替代劳动力作为粮食生产过程中的重要投入要素后，农业机械的发展对粮食生产的影响显著，通过创新农机类型、改进农机作业方式和构建新型农机服务模式等途径全面实现粮食生产全程机械化，从而促进粮食生产技术效率的进一步增长。

① 伍国勇，张启楠，张凡凡. 中国粮食生产效率测度及其空间溢出效应 [J]. 经济地理，2019，39（9）：207-212.

4.3.2 空间自相关分析

农机跨区作业，有效提高了农机的利用率，实现了农业内部分工和区域间技术外溢，从而提高了跨区作业地区的粮食生产技术效率，带来空间溢出效应。下文将利用上文中测算得到的 1998—2018 年各省份粮食生产技术效率数据，运用空间计量模型实证分析农业机械化水平对粮食生产技术效率的直接影响和空间溢出效应。

首先进行空间自相关检验并确定空间权重矩阵。本章利用 Stata 15 软件分别将地理邻近、地理距离、经济距离作为模型中的空间权重矩阵，计算 1998—2018 年粮食生产技术效率、农业机械总动力、大中型农用拖拉机动力和小型拖拉机动力的全局 Moran's I 指数及其显著性，结果如表 4-5、表 4-6 和表 4-7 所示。

表 4-5　1998—2018 年地理邻近权重矩阵下全局空间自相关检验

年份	粮食生产技术效率		农业机械总动力		大中型农用拖拉机动力		小型拖拉机动力	
	Moran's I 值	P 值	Moran's I 值	P 值	Moran's I 值	P 值	Moran's I 值	P 值
1998	0.168	0.094	0.284	0.004	0.247	0.014	0.247	0.010
1999	0.251	0.017	0.297	0.003	0.287	0.004	0.276	0.004
2000	0.268	0.013	0.311	0.002	0.252	0.010	0.282	0.003
2001	0.333	0.002	0.317	0.001	0.213	0.024	0.300	0.002
2002	0.209	0.044	0.324	0.001	0.252	0.009	0.301	0.001
2003	0.149	0.131	0.322	0.001	0.254	0.008	0.299	0.001
2004	0.278	0.010	0.326	0.001	0.288	0.004	0.304	0.001
2005	0.180	0.077	0.328	0.001	0.261	0.008	0.304	0.001
2006	0.282	0.009	0.324	0.001	0.265	0.007	0.307	0.001
2007	0.281	0.008	0.320	0.001	0.308	0.002	0.308	0.001
2008	0.311	0.004	0.314	0.002	0.316	0.002	0.299	0.001
2009	0.405	0.000	0.312	0.002	0.320	0.002	0.295	0.001
2010	0.275	0.010	0.308	0.002	0.344	0.001	0.301	0.001
2011	0.248	0.019	0.303	0.003	0.364	0.001	0.309	0.001
2012	0.232	0.028	0.297	0.003	0.360	0.001	0.304	0.001
2013	0.178	0.079	0.297	0.003	0.367	0.000	0.305	0.001
2014	0.209	0.044	0.295	0.004	0.374	0.000	0.301	0.001

表4-5（续）

年份	粮食生产技术效率		农业机械总动力		大中型农用拖拉机动力		小型拖拉机动力	
	Moran's I 值	P 值	Moran's I 值	P 值	Moran's I 值	P 值	Moran's I 值	P 值
2015	0.222	0.033	0.292	0.004	0.382	0.000	0.298	0.001
2016	0.223	0.033	0.259	0.012	0.393	0.000	0.301	0.001
2017	0.256	0.016	0.241	0.019	0.392	0.000	0.292	0.001
2018	0.236	0.026	0.248	0.016	0.390	0.000	0.297	0.001

表4-6　1998—2018年地理距离权重矩阵下全局空间自相关检验

年份	粮食生产技术效率		农业机械总动力		大中型农用拖拉机动力		小型拖拉机动力	
	Moran's I 值	P 值	Moran's I 值	P 值	Moran's I 值	P 值	Moran's I 值	P 值
1998	0.065	0.031	0.049	0.051	0.073	0.014	0.033	0.111
1999	0.080	0.012	0.050	0.049	0.077	0.009	0.034	0.100
2000	0.099	0.004	0.051	0.043	0.049	0.049	0.032	0.104
2001	0.088	0.007	0.052	0.041	0.027	0.148	0.038	0.074
2002	0.098	0.004	0.053	0.039	0.060	0.024	0.038	0.076
2003	0.033	0.145	0.053	0.040	0.061	0.022	0.034	0.089
2004	0.084	0.010	0.055	0.035	0.068	0.015	0.035	0.080
2005	0.041	0.104	0.056	0.033	0.066	0.019	0.036	0.074
2006	0.097	0.004	0.055	0.035	0.065	0.020	0.036	0.071
2007	0.110	0.001	0.055	0.036	0.070	0.015	0.036	0.070
2008	0.069	0.025	0.052	0.045	0.054	0.044	0.039	0.056
2009	0.071	0.021	0.051	0.046	0.059	0.034	0.038	0.056
2010	0.071	0.022	0.050	0.051	0.064	0.025	0.039	0.055
2011	0.076	0.017	0.048	0.058	0.070	0.017	0.041	0.052
2012	0.091	0.007	0.046	0.064	0.069	0.018	0.035	0.067
2013	0.089	0.008	0.040	0.086	0.071	0.016	0.032	0.077
2014	0.086	0.009	0.039	0.091	0.073	0.015	0.029	0.090
2015	0.095	0.005	0.038	0.100	0.074	0.015	0.028	0.094
2016	0.095	0.005	0.026	0.181	0.076	0.013	0.027	0.100
2017	0.102	0.003	0.020	0.225	0.075	0.014	0.023	0.133
2018	0.091	0.007	0.021	0.220	0.075	0.014	0.026	0.108

表 4-7 1998—2018 年经济距离权重矩阵下全局空间自相关检验

年份	粮食生产技术效率		农业机械总动力		大中型农用拖拉机动力		小型拖拉机动力	
	Moran's I 值	P 值	Moran's I 值	P 值	Moran's I 值	P 值	Moran's I 值	P 值
1998	0.176	0.013	-0.099	0.398	0.136	0.035	-0.114	0.293
1999	0.048	0.334	-0.101	0.384	0.118	0.053	-0.119	0.258
2000	-0.050	0.847	-0.100	0.389	0.062	0.222	-0.107	0.316
2001	0.032	0.435	-0.101	0.378	0.020	0.489	-0.110	0.300
2002	0.073	0.210	-0.102	0.375	0.095	0.093	-0.103	0.345
2003	0.035	0.422	-0.103	0.366	0.095	0.092	-0.100	0.363
2004	0.101	0.112	-0.106	0.350	0.082	0.137	-0.094	0.402
2005	0.076	0.198	-0.094	0.437	0.072	0.179	-0.082	0.497
2006	0.137	0.045	-0.097	0.415	0.070	0.185	-0.077	0.536
2007	0.129	0.053	-0.107	0.345	0.080	0.149	-0.078	0.527
2008	0.143	0.036	-0.109	0.333	0.075	0.178	-0.086	0.445
2009	0.011	0.598	-0.111	0.325	0.079	0.161	-0.087	0.433
2010	0.063	0.255	-0.112	0.320	0.074	0.182	-0.090	0.419
2011	0.146	0.033	-0.112	0.322	0.076	0.174	-0.092	0.402
2012	0.130	0.055	-0.110	0.331	0.075	0.177	-0.084	0.456
2013	0.185	0.010	-0.103	0.381	0.074	0.184	-0.084	0.462
2014	0.061	0.264	-0.103	0.380	0.070	0.203	-0.085	0.449
2015	0.135	0.046	-0.103	0.379	0.063	0.239	-0.084	0.450
2016	0.099	0.117	-0.120	0.289	0.057	0.267	-0.087	0.425
2017	0.133	0.049	-0.114	0.325	0.058	0.262	-0.085	0.447
2018	0.105	0.104	-0.107	0.371	0.059	0.256	-0.086	0.441

从表 4-5 和表 4-6 中可以看到,1998—2018 年中国粮食生产技术效率和
农业机械总动力的全局 Moran's I 指数都为正,除个别年份外均在 10% 显著性
水平下显著[1]。这表明在地理邻近和地理距离权重矩阵下,中国粮食生产技术
效率、农业机械总动力、大中型农用拖拉机动力和小型拖拉机动力都存在空间
自相关性,即存在一定的空间集聚现象。这说明在农业机械化对粮食生产技术
效率的影响模型中不应忽视空间效应。另外,1998—2018 年,大中型农用拖

---

[1] 在地理邻近权重矩阵下,2003 年粮食生产技术效率的 Moran's I 指数不显著;在地理距离
权重矩阵下,2005 年粮食生产技术效率的 Moran's I 指数不显著,2001 年大中型农用拖拉机动力的
Moran's I 指数不显著,1998 年、2017 年和 2018 年小型拖拉机动力的 Moran's I 指数不显著。

拉机动力的 Moran's I 值呈现不断增长的趋势，而小型拖拉机动力的 Moran's I 值则呈现不断减少的趋势。这说明随着时间的推进，大中型农业机械比小型农业机械的空间集聚效应更显著，这也从侧面印证了以大中型农业机械为主的跨区作业带来的空间溢出效应是显著的。

在表4-7中，中国粮食生产技术效率、农业机械总动力、大中型农用拖拉机动力和小型拖拉机动力的 Moran's I 值存在负数，但未通过 P 值检验，说明相对于地理邻近权重矩阵和地理距离权重矩阵而言，经济距离权重矩阵的设置不太适合本章研究内容。其原因可能在于：经济大省一般不是粮食生产大省，其农业机械总动力相对较弱，用地区生产总值的倒数设置权重矩阵不符合粮食生产特点，从而导致各变量未通过全局空间自相关检验，应排除此种权重矩阵。而对于是地理邻近权重矩阵还是地理距离权重矩阵更优，还需要通过后续比较空间计量结果确定。

农业机械化与粮食生产技术效率的 Moran's I 散点图能直观反映两者空间滞后项的相关关系。囿于篇幅限制，本章以 2018 年中国粮食生产技术效率和农业机械总动力数据为基础绘制 Moran's I 散点图，如图 4-2 和图 4-3 所示。其中图 4-2a 和图 4-2b 表示在地理邻近权重矩阵下 Moran's I 散点图，图 4-3a 和图 4-3b 表示在地理距离权重矩阵下 Moran's I 散点图。Moran's I 散点图中每个圆圈代表一个地区，图中纵坐标为标准化后局部 Moran's I 值，横坐标为标准化后的变量数值，斜线为各散点的拟合直线。两条垂直线将平面分为四个象限，第一象限和第三象限分别表示高值被高值环绕（H-H）和低值被低值环绕（L-L）的情形，具体表现为粮食生产技术效率（农业机械总动力）高的地区其周边区域粮食生产技术效率（农业机械总动力）也高。第二象限和第四象限分别表示低值被高值环绕（L-H）和高值被低值环绕（H-L）的情形，具体表现为粮食生产技术效率（农业机械总动力）低（高）的地区被粮食生产技术效率（农业机械化总动力）高（低）的地区包围。

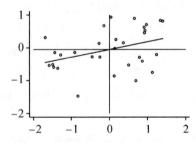

图 4-2a　2018 年粮食生产技术效率的 Moran's I 散点图
（地理邻近权重矩阵下）

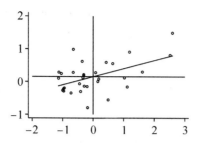

图 4-2b　2018 年农业机械总动力的 Moran's I 散点图

（地理邻近权重矩阵下）

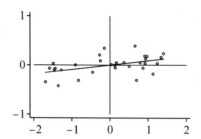

图 4-3a　2018 年粮食生产技术效率的 Moran's I 散点图

（地理距离权重矩阵下）

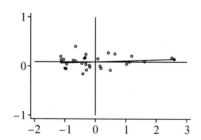

图 4-3b　2018 年农业机械总动力的 Moran's I 散点图

（地理距离权重矩阵下）

从图 4-2a 和图 4-2b 可知，在地理邻近权重矩阵下，粮食生产技术效率和农业机械总动力的 Moran's I 散点图极为相似，散点分布主要集中在第一、三象限，说明存在高值被高值环绕、低值被低值环绕的空间集聚现象。相似的散点图也说明粮食生产技术效率和农业机械之间存在空间上的某种关联。而在地理距离权重矩阵下的图 4-3a 和图 4-3b 中，粮食生产技术效率和农业机械总动力的 Moran's I 散点图相似度较低，粮食生产技术效率的 Moran's I 散点图主要集中分布在第一、四象限，而农业机械总动力的 Moran's I 散点图主要集中在第二、三象限。说明地理邻近权重矩阵的设置更能体现粮食生产技术效率和农业机械之间的空间关联，更加契合本章研究内容，故选择地理邻近权重矩阵作为本章的空间权重矩阵。

4.3.3 空间面板计量模型的选择

为了正确估计农业机械化对粮食生产技术效率的空间溢出效应，需要确定合适的空间面板模型。虽然在上文方法设计部分已经讨论得出空间面板杜宾模型更具适用性，但为了参数估计的精确性，还是需要进行计量检验。第一步，进行 LM 和稳健 LM 检验，证明设定的模型应包含空间滞后项和空间误差项，因此应该选择更为一般的模型，即空间面板杜宾模型（SPDM）。第二步，进行 LR 检验，在检验结果中，P 值小于 5%，拒绝原假设，再次验证空间面板杜宾模型的合适性。第三步，进行 Hausman 检验，SPDM 双固定模型通过 5% 的显著性检验，是最合适的模型。第四步，进行 Wald 检验，结果表明 SPDM 模型是估计空间面板模型的最佳选择。综上，本章选择 SPDM 双固定模型分析农业机械化对粮食生产技术效率的空间溢出效应。

4.3.4 回归结果分析

1. 总体影响

基于上文中的模型设定和检验，得到农业机械化与粮食生产技术效率的空间面板杜宾模型回归结果，如表4-8所示。从（4-6）式的回归结果来看，测度粮食生产技术效率的空间滞后系数 rho 在控制了其主要影响因素后，在 1% 显著性水平下显著。这说明在其他影响因素不变的情况下，邻近地区粮食生产技术效率加权值每提升 1%，本地粮食生产技术效率提升约 0.168%。农业机械总动力对粮食生产技术效率的回归系数为 0.020，通过 5% 的显著性检验，且符号为正，说明农业机械总动力的提升能带来粮食生产技术效率的提高。测度农业机械化空间溢出效应的回归系数通过 5% 的显著性检验，但参数符号为负，说明农业机械化对粮食生产技术效率存在负向的空间溢出效应。这不符合我们的预期假设，因此有必要将农业机械进一步划分为大中型机械和小型机械进行检验。对于其他控制变量而言，灾害率、灌溉率和粮食作物种植结构均通过了显著性检验，表明灾害率的增加在一定程度上会降低粮食生产技术效率；灌溉条件的改善，使有效灌溉面积所占比重增长后能提高粮食生产技术效率；而随着粮食播种面积占农作物播种总面积的比重不断增加，粮食生产技术效率呈下降趋势。人力资本水平未通过显著性检验，符号为负；而人均耕地面积虽然通过10%的显著性检验，但符号仍为负，同预期不符。其原因可能在于：一是用教育经费占总支出的比重数据不能完全衡量人力资本水平；二是随着土地流转比例的不断提高，用耕地面积除以乡村人口数无法衡量农户实际经营土地规模的大小，故导致结果不理想。

表 4-8　空间面板杜宾模型估计结果

变量	(4-6) 式		(4-7) 式	
	系数	标准误	系数	标准误
ln$m$	0.020**	0.009		
lnbig			−0.002	0.004
lnsmall			0.005	0.005
dis	−0.114***	0.009	−0.111***	0.009
irr	0.102***	0.024	0.116***	0.024
cps	−0.133***	0.036	−0.100***	0.034
edu	−0.059	0.137	−0.053	0.137
aland	−0.018*	0.010	−0.014	0.010
$w*$ln$m$	−0.033**	0.015		
$w*$lnbig			0.022***	0.008
$w*$lnsmall			−0.017*	0.010
rho	0.168***	[0.051]	0.150***	[0.051]
sigma^2	0.001***	0.000	0.001***	0.000
N	651		651	
R^2	0.420		0.450	

注：*、**、*** 分别表示在10%、5%、1%水平上显著。

（4-7）式是将大中型农机和小型农机作为解释变量的模型。从回归结果来看，模型的拟合度显著提升，总体回归的可信度提升。空间滞后系数 rho 也通过了显著性检验，测度大中型农机空间溢出效应的回归系数在1%显著性水平下为正值，说明粮食生产技术效率的空间自相关性主要是由大中型农机的空间溢出效应引起的。该结论与高鸣、宋洪远（2014）和方师乐等（2017）的结论一致。高鸣和宋洪远的研究表明我国粮食生产技术效率存在空间自相关性，他们分析其形成的原因后认为农机跨区作业的影响是关键；方师乐等则进一步认为粮食产量存在空间自相关性是由大型农机化的空间溢出效应引起的。本章则认为农业机械化通过影响粮食生产技术效率引起粮食产量的变化，大中型农机对粮食生产技术效率的空间溢出效应显著。其他控制变量的解释同（4-6）式。

通过偏微分求解得到各解释变量的直接影响、空间溢出效应和总效应的估计值，具体结果如表4-9所示。可以看到，分解后的各个影响更能直观反映变量之间的相关关系。首先，对于直接效应，大中型农机和小型农机总动力的提高对粮食生产技术效率的促进作用不明显，而灾害率、灌溉率和粮食作物种植结构三个因素的变化会对粮食生产技术效率产生影响，其中灌溉条件越好越能促进粮食生产技术效率的提高，其弹性约为0.116。其次，关于空间溢出效应，农用大中型拖拉机动力对粮食生产技术效率有着显著的正向空间溢出效应，小型拖拉机动力对粮食生产技术效率存在显著的负向空间溢出效应，这同现实中参与跨区作业的农机主要以大中型机械为主相符。最后，关于总效应，农用大中型拖拉机对粮食生产技术效率存在显著的正向影响，其影响程度小于空间溢出效应的影响程度，说明在中国大中型农机对粮食生产技术效率的影响主要体现在其空间溢出效应上，即大中型农机的应用能显著提高周边地区粮食生产技术效率，因为大中型农机的服务对象不仅仅是本地区，更为主要的是周边地区。

表4-9　（4-8）式的直接影响、空间溢出效应和总效应

变量	直接效应	标准误	空间溢出效应	标准误	总效应	标准误
lnbig	−0.001	0.004	0.025***	0.009	0.023**	0.010
lnsmall	0.004	0.005	−0.018*	0.011	−0.014	0.011
dis	−0.111***	0.008	−0.020***	0.007	−0.131***	0.012
irr	0.116***	0.024	0.021**	0.009	0.137***	0.030
cps	−0.101***	0.033	−0.018*	0.010	−0.119***	0.040
edu	−0.047	0.136	−0.008	0.026	−0.055	0.161
aland	−0.014	0.010	−0.002	0.002	−0.016	0.012

注：*、**、***分别表示在10%、5%、1%水平上显著。

2. 时间维度的空间溢出效应分析

随着时间的推移，不同时期农业机械化水平不同，对粮食生产技术效率的影响也存在差异，因此有必要将样本数据进行阶段划分，分析不同时间段下大

中型农业机械对粮食生产技术效率的直接影响和空间溢出效应。根据第 3 章中农机跨区作业面积的变化趋势，本章将样本数据划分为两个时间段，即 1998—2013 年和 2014—2018 年进行回归分析，从而得到表 4-10 的结果。

表 4-10　时间维度空间溢出效应估计结果

变量	1998—2013 年		2014—2018 年	
	空间溢出效应	标准误	空间溢出效应	标准误
lnbig	0.022**	0.010	0.028	0.050
lnsmall	−0.013	0.016	0.014	0.041
rho	0.153***	0.058	−0.182	0.121
sigma²	0.001***	0.000	0.000***	0.000
N	465		155	
R²	0.438		0.048	

注：*、**、***分别表示在 10%、5%、1%水平上显著。

在 1998—2013 年，用于测度粮食生产技术效率的空间滞后系数 rho 在其他影响因素不变的情况下通过了显著性检验，大中型农业机械的空间溢出效应显著为正，说明在此阶段大中型农业机械对粮食生产技术效率有着显著的正向空间溢出效应。这一时期，农机跨区作业经历了从起步到发展成熟的过程，农机跨区作业促进了粮食生产技术的传播，并提高了农机利用效率，促进了粮食种植向规模化和专业化发展。因此，产生粮食生产技术效率空间溢出效应的重要原因是大中型农机跨区作业。杨进等（2013）[①]的研究结果也从侧面印证了此阶段农机跨区作业的发展历程，他们认为江苏省沛县的农业机械跨区作业开始于 1998 年，到 2003 年跨区作业服务的范围扩展到全国，且持续周期长。

而在 2014—2018 年，在控制其他影响因素不变的条件下，用于测度粮食生产技术效率的空间滞后系数 rho 未通过显著性检验，大中型农业机械的空间溢出效应不显著。从全国数据来看，农机跨区作业面积从 2013 年历年最大值 36 719 千公顷下降到 2014 年的 29 721 千公顷，减少了约 19.06%，呈现断崖式下降趋势。到 2018 年农机跨区作业面积减少到 20 711.78 千公顷，同 2013 年

---

① 杨进，郭松，张晓波. 农机跨区作业发展：以江苏沛县为例 [J]. 中国农机化学报，2013，34（2）：14-19.

相比减少了约 43.59%①。方师乐等（2018）② 认为，农民收入提高、财富增加以及耕地面积扩大，不利于大规模的农机跨区服务的开展。随着柴油、人力成本的不断上涨，跨区作业成本大幅增加，长距离（跨省）跨区作业呈不断减少趋势；相反，短距离（跨市、跨县）跨区作业量不断增长。因此，在 2014年后，长距离省际大中型农业机械对粮食生产技术效率的空间溢出效应不显著。

3. 空间维度的空间溢出效应分析

现有文献已经证实中国农机跨区作业主要是跨纬度作业，即农业机械化对粮食产量的空间溢出效应在同一纬度的省份之间不显著，而在处于同一经度的省份之间显著（伍骏骞 等，2017③；方师乐 等，2017④）。张露和罗必良（2018）⑤ 通过对小麦数据的分析，认为中东部和中西部是农机跨区作业服务的核心区域，农业机械对小麦种植的空间溢出效应显著，即农业机械对小麦种植的空间溢出效应是沿纬度路径实现的。其原因主要是纬度差异造成同一经度的省份之间农作物的种植、生长和收获时间存在差异，从而给农业机械从一地转移到另一地提供了充足的时间，粮食作物生产的时间差是农业机械跨区作业形成的必要条件。

但是从实地调研来看，农业机械跨区作业并不完全是跨纬度进行，跨经度作业的农业机械也存在，更多的是以跨经度和跨纬度的组合形式存在。现有文献只是单纯将同一纬度或者同一经度的省份归为一类进行空间计量回归，忽视了跨经度和跨纬度相结合模式所带来的空间溢出效应，从而得出的结论具有片面性。因此，应以农业机械跨区作业实际途径省份为归类依据，进行空间溢出效应的检验。本书以杨进（2015）⑥ 总结出的小麦和水稻跨区路线图为划分依据，将小麦和水稻的跨区作业省份进行空间计量回归，空间权重矩阵依然选择地理邻近权重矩阵，回归结果分别见表 4-11 和表 4-12。

---

① 数据来源于《中国农业机械工业年鉴》。

② 方师乐，卫龙宝，史新杰. 中国特色的农业机械化路径研究：俱乐部理论的视角 [J]. 农业经济问题，2018（9）：55-65.

③ 伍骏骞，方师乐，李谷成，等. 中国农业机械化水平对粮食产量的空间溢出效应分析：基于跨区作业的视角 [J]. 中国农村经济，2017（6）：44-57.

④ 方师乐，卫龙宝，伍骏骞. 农业机械化的空间溢出效应及其分布规律：农机跨区服务的视角 [J]. 管理世界，2017（11）：65-78，187-188.

⑤ 张露，罗必良. 小农生产如何融入现代农业发展轨道?：来自中国小麦主产区的经验证据 [J]. 经济研究，2018，53（12）：144-160.

⑥ 杨进. 中国农业机械化服务与粮食生产 [D]. 杭州：浙江大学，2015.

表4-11 水稻跨区作业地区的直接效应、空间溢出效应和总效应①

变量	直接效应	标准误	空间溢出效应	标准误	总效应	标准误
lnbig	−0.002	0.006	0.046***	0.007	0.044***	0.009
lnsmall	−0.033***	0.007	−0.007	0.008	−0.040***	0.010
rho			−0.071			
sigma²			0.001***			
N			252			
R²			0.130			

注:*、**、***分别表示在10%、5%、1%水平上显著。

表4-12 小麦跨区作业地区的直接效应、空间溢出效应和总效应②

变量	直接效应	标准误	空间溢出效应	标准误	总效应	标准误
lnbig	0.008	0.008	−0.081***	0.017	−0.072***	0.020
lnsmall	0.017**	0.007	0.033**	0.014	0.050***	0.016
rho			−0.222***			
sigma²			0.001***			
N			189			
R²			0.087			

注:*、**、***分别表示在10%、5%、1%水平上显著。

从表4-11中可以看到,按照水稻跨区作业途径的省份进行空间计量,大中型农机对水稻生产技术效率的空间溢出效应在1%显著性水平下显著,且符号为正,说明大中型农机在跨区作业过程中促进了水稻生产技术的传播,提高了周边地区水稻生产技术效率。中国水稻按照播种期、生长期和成熟期的不同可分为早稻、中稻和晚稻三类;种植的品种多样,有粳稻和籼稻,有常规稻、杂交稻和超级稻;种植的制度也不同,有单季、双季及多熟制。因此,中国水稻分布辽阔,南至海南省,北至黑龙江省黑河地区,东至台湾地区,西达新疆维吾尔自治区。水稻分布范围广以及种植品种的差异形成的时间差,为大中型

---

① 水稻跨区作业路线为:湖南→湖北→四川→陕西→江苏→上海→内蒙古→辽宁→吉林→黑龙江→江苏→广东→广西,故将上述省份作为水稻跨区作业省份进行空间计量回归。

② 小麦跨区作业路线为:四川→陕西→湖北→安徽→江苏→山东→河南→河北→天津,故将上述省份作为小麦跨区作业省份进行空间计量回归。

农机跨区作业创造了必要条件，使大中型农机可以按照跨纬度和跨经度相结合的形式进行跨区作业，因此带来了水稻生产技术效率的空间溢出效应。

在表 4-12 中，大中型农机对小麦生产技术效率的空间溢出效应在 1% 显著性水平下显著，但符号为负，本地区的大中型农机动力的提升不能带动周边地区小麦生产技术效率的提高。这同张露和罗必良（2018）对小麦数据的分析结果有差异，其原因可能如下：一是张露和罗必良（2018）研究的被解释变量为小麦的播种面积，而本书研究的是农业机械对小麦生产技术效率的空间溢出效应，农业机械对小麦产量的空间溢出效应可能通过播种面积实现，而未体现在生产技术效率上。二是研究大中型农机对小麦生产技术效率的空间溢出效应，不适用经度和纬度的组合形式，同一纬度或者同一经度归类可能更适用于小麦研究，这同小麦的品种单一、分布范围同水稻相比较窄密切相关。但从表 4-12 中还可以看到，小型农机对小麦生产技术效率的空间溢出效应显著为正，说明本地区小型农机动力的提升不仅有利于提高本地区小麦生产技术效率，对促进跨区作业途径地区的小麦生产技术效率的提高也有显著的正向作用。

4.4 稳健性检验

上述的分析表明，农业机械化水平的提高在一定程度上能促进粮食生产技术效率的提高，但还需进一步分析农业机械化水平提升对粮食生产技术效率的影响结果是否稳健。为此，本部分进行了稳健性检验，即重新构建不同的模型进行回归分析。在数据一致的情况下，重新采用空间面板误差和滞后模型进行估计，得到（4-9）式和（4-10）式。

$$\mathrm{te}_{it} = \beta_0 + \beta_1 \ln m_{it} + \beta_2 \, \mathrm{irr}_{it} + \beta_3 \, \mathrm{dis}_{it} + \beta_4 \, \mathrm{cps}_{it} + \beta_5 \, \mathrm{edu}_{it} + \beta_6 \, \mathrm{aland}_{it} +$$

$$\lambda \sum_{j=1}^{n} W_{ij} \mu_{it} + \varepsilon_{it} \tag{4-9}$$

$$\mathrm{te}_{it} = \beta_0 + \beta_1 \ln m_{it} + \beta_2 \, \mathrm{irr}_{it} + \beta_3 \, \mathrm{dis}_{it} + \beta_4 \, \mathrm{cps}_{it} + \beta_5 \, \mathrm{edu}_{it} + \beta_6 \, \mathrm{aland}_{it} +$$

$$\gamma \sum_{j=1}^{n} W_{ij} \mathrm{te}_{jt} + \varepsilon_{it} \tag{4-10}$$

此部分主要检验农业机械化整体水平对粮食生产技术效率的影响结果是否稳健，因此在回归中不具体划分农业机械的类型，统一使用农业机械总动力作为解释变量。

稳健性检验的回归结果如表 4-13 所示。结果表明，在重新构建空间计量模型和重新选择空间权重矩阵后，估计结果与空间面板杜宾模型中的结果基本一致，农业机械化水平的提高对本地区粮食生产技术效率的提高具有正向影响。空间误差项、空间自回归和扰动项的系数也与上文的估计结果基本一致，说明农业机械化水平对粮食生产技术效率的溢出效应的回归结果具有可靠性和稳健性。

表 4-13　稳健性检验的回归结果

变量	（4-9）式	（4-10）式
ln$m$	0.015*	0.009
	(0.008)	(0.008)
dis	−0.116***	−0.114***
	(0.009)	(0.009)
irr	0.091***	0.102***
	(0.024)	(0.024)
cps	−0.132***	−0.109***
	(0.038)	(0.035)
edu	−0.117	−0.092
	(0.139)	(0.137)
aland	−0.026**	−0.021**
	(0.010)	(0.010)
$w*$ln$m$	−	−
lambda	0.174***	−
	(0.057)	−
rho	−	0.154***
	−	(0.050)
sigma^2	0.001***	0.001***
	(0.000)	(0.000)
N	651	651
R^2	0.481	0.465

注：*、**、***分别表示在10%、5%、1%水平上显著。

4.5 本章小结

本章以农业机械跨区作业这一农业机械化发展的新形式为背景，研究农业机械化发展对粮食生产技术效率带来的直接影响和空间溢出效应。

首先，从农业机械化能提高劳动生产率、提高资源利用率和促进农机技术的传播三个方面分析农业机械化对粮食生产技术效率的影响机制，提出农业机械化不仅能提高本地区的粮食生产技术效率，还有利于提高周边地区粮食生产技术效率的研究假设。

其次，基于机理分析和研究假说，进行方法设计。先通过随机前沿生产函数测算 1998—2018 年中国 31 个省（区、市）的粮食生产技术效率，再通过 Moran's I 指数检验农业机械化和粮食生产技术效率之间的空间自相关性，最后通过空间面板杜宾模型验证农业机械化对粮食生产技术效率的直接影响和空间溢出效应，其中重点关注大中型农业机械对粮食生产技术效率的空间溢出效应。

最后，从总体影响、时间维度和空间维度三个方面对空间面板杜宾模型的回归结果进行具体分析。结果显示，农业机械化水平的提高不仅能有效提高本地区的粮食生产技术效率，还对相邻地区的粮食生产技术效率存在正向空间溢出效应，农业机械化对粮食生产技术效率的空间溢出效应是通过大中型农业机械实现的。另外，在水稻跨区作业的途径省份中，大中型农业机械总动力对粮食生产技术效率具有显著的空间溢出效应，从而补充了中国农机跨区作业的行进方式，即存在跨纬度和跨经度相结合的模式。

5 农业机械化发展对粮食播种 面积的影响

在分析了农业机械化对粮食生产技术效率的影响后，本章将对影响粮食产量的另一个重要因素——播种面积展开研究。从第 3 章的分析中可以得到，1978—2003 年这段时期内，中国粮食播种面积是不断减少的；而在 2004—2019 年，粮食播种面积却不断增长①。粮食播种面积的不断增长和农业机械化水平的提高密切相关，随着农业机械化水平的提高，更易于用机械替代人畜力的粮食作物在农户进行种植决策过程中具有比较优势，从而促进了粮食播种面积的增长。

因此，农业机械化和粮食播种面积变化之间存在一定的相关关系，即农业机械化发展会影响农户种植粮食作物的面积，同时农户改变粮食种植比例后也会影响农业机械化的发展。现有研究通过一定的数据处理验证了农业机械化对粮食播种面积变化的影响——仅仅是有影响或者没有影响的判断问题，但是对农业机械化为何会影响粮食播种面积、如何影响以及通过何种途径影响等问题没有做出具体解答。因此，在厘清两者作用关系、影响机制的基础上，分析农业机械化发展对粮食播种面积的影响可能更加具有说服力。

本章将通过梳理一定的逻辑线索，得出相应推论，并利用 1978—2018 年中国 27 个省（区、市）②的面板数据进行验证。

---

① 2017 年粮食播种面积略有下降，是因为在农业供给侧结构性改革中我国主动调减非优势产区籽粒玉米播种面积，从而带来粮食播种总面积下降。

② 重庆、海南、青海、西藏和港澳台地区部分数据缺失，故未纳入统计与计算范畴。

5.1 机理分析及研究假说

人的行为是理性的，农户作为理性的"经济人"，在进行生产决策的过程中根据自己所拥有的土地、劳动力、资本和其他生产要素来决定农作物种植类型及播种面积，实现家庭总经济效益最大化。随着市场经济的不断发展，农户的生产行为选择具有多样性，农户可以选择调整种植结构，或者不再进行农业生产而选择外出务工，再或者选择成为以非农就业为主、农业生产为辅的兼业农户，是否能带来家庭总经济效益最大化成为农户生产决策的重要依据。

而根据农户的偏好不同，家庭总经济效益最大化又可以细分为两个方面，即追求利润最大化和家庭福利效益最大化。其中，追求利润最大化的农户，以从事农业生产为主，家庭收入的主要来源是家庭经营性收入。耕种的土地面积较多，按照新型农业经营主体的划分标准，此类农户属于专业大户或者家庭农场，其做种植决策时主要考虑的是何种农作物能带来最大的利润。追求家庭福利效益最大化的农户，其家庭收入的主要来源可能更多来自家庭成员外出务工获得的工资性收入，不再单纯依靠农业生产，耕种的土地面积较少，属于兼业农户。兼业农户家庭在进行农业生产过程中期望获得更多的家庭福利，对经济效益的关注度下降。家庭福利包括的内容很多，本书关注的家庭福利主要是指家庭人员获得的闲暇福利。一方面，对于兼业农户来说，农业生产过程中闲暇时间的增加会增加其外出务工的时间，获得更多的非农收入。另一方面，随着经济收入水平的提高，兼业农户也需要更多的闲暇时间同家人进行情感交流、提升自我综合素质和能力等，因而也愿意放弃一部分劳动时间。因此，兼业农户在种植决策过程中考虑的是何种农作物能获得最大的闲暇福利。

不同类型的农户基于不同的生产目标从而做出不同的种植决策，那么在这一过程中，农业机械化的发展扮演怎样的角色？是否会对农户的种植决策产生一定的影响？会促进农户增加或者减少粮食作物的播种面积吗？要厘清这些关系，首先要了解粮食作物和经济作物有何区别。农户生产粮食作物和经济作物的过程中主要存在以下三个方面的不同：

一是机械化应用的难度不同[①]。农作物的生产过程主要包括耕、种、收三个方面。在耕地环节两种作物使用的机械相同，但是在播种和收获环节，由于

---

① 这里使用农业机械的前提条件是处于相同的地形环境下。

经济作物的技术要求和专门化程度均较高，因此对作业机械的要求也相应高于粮食作物，导致粮食作物的机械化难度小于经济作物。

二是对用工需求的不同。粮食作物和经济作物都属于劳动密集型产品，需要大量的人力。但由于粮食作物生产作业的复杂程度低于经济作物，更易于实现机械化替代人工劳动。因此，从所需用工总量来看，粮食作物小于经济作物。另外，粮食作物生产的季节性强于经济作物，存在更多的农闲时节，导致劳动力存在更多的季节性过剩。因此，从用工的时间长度来看，经济作物高于粮食作物。

三是投入产出的经济效益不同。顾名思义，经济作物具有经济价值高、经济效益好的特点，高产出的同时也对应高投入。而粮食作物由于其种植的广泛性，经济价值低、效益差，投入也较低。

基于以上分析，下面将从影响农户种植决策的三个细分目标出发，具体分析农业机械化发展对粮食播种面积影响的理论逻辑。

5.1.1　利润最大化目标下的农户种植决策

从上文的分析可以得到，以利润最大化为生产目标的农户属于专业大户和家庭农场，收入的主要来源为家庭经营性收入。因此，专业大户和家庭农场在做种植结构决策时考虑的是是否实现利润的最大化：当经济作物的收益大于粮食作物时，农户选择种植经济作物；当经济作物的成本过高，从而导致收益低于粮食作物时，农户选择种植粮食作物。

从投入产出的经济效益来看，经济作物的收益显著高于粮食作物，单纯以追求收益最大化为目标，农户会选择扩大经济作物的播种面积。但是经济作物高产出的同时也需要付出较高的投入成本，其中人工成本的快速上升，大大挤压了经济作物的生产利润。

从《农产品成本收益资料汇编》的数据可以看到，人工成本的上升对经济作物的影响大于其对粮食作物的影响。在 2000 年，三种粮食平均每亩人工成本占生产成本的比例为 43.25%，2018 年上升到 48.26%，虽然增长了 5.01个百分点，但占生产成本的比例基本维持在一半左右。2000—2018 年，油料、棉花和烤烟三类主要经济作物每亩人工成本占总生产成本的比例分别从52.51%、56.23%、56.35% 上升到 63.43%、61.26%、66.22%，分别增长了10.92 个百分点、5.03 个百分点和 9.87 个百分点，增长幅度均大于粮食作物，人工成本所占比例已达到总生产成本的 2/3；蔬菜作为经济作物的主要代表，其每亩人工成本占生产成本的比例增长幅度更大，从 2001 年的 41.91% 上升到

2018 年的 62.51%，增长了约 49.15%①。

粮食作物人工成本占比不高的重要原因在于农业机械化的发展，农用机械的使用极大减少了生产过程中的劳动用工量和用工时间，降低了人工费用。粮食作物使用机械化的难度要小于经济作物，因此对于降低人工成本的作用显著高于经济作物。虽然农业机械的使用也会增加生产成本中的物质与服务费用，但是农用机械适宜规模化生产，带来的规模经济使土地、资本、劳动力等生产要素的配置更加趋向合理，分摊了使用机械所增加的物质与服务费用，农户可以获得更大的经营效益。另外，为促进农业机械化的发展，国家从 2004 年开始启动实施农机购置补贴政策。该政策实施以来为农户缓解了大额农机购置的资金压力，降低了农机投入成本，进一步节约了粮食生产过程中的物质与服务费用。进入 21 世纪以来，跨区农机作业和农机社会化服务的发展使农业机械从单纯的"私人拥有"向"共享服务"发展，充分利用粮食作物生产的地区季节性差异，降低了农业机械的闲置成本，使农户在享受农业机械服务的同时也避免了付出高额的农机购置费用，这在一定程度上也能降低粮食生产过程中的物质与服务费用。

综上所述，农业机械化发展会带来粮食生产成本的降低，具有影响农户种植决策的理论基础。对于以家庭经营收入为主的专业大户和家庭农场来说，低投入、低产出的粮食作物带来的利润可能会大于高投入、高产出的经济作物。当经济作物的高收益不能弥补生产成本过高的负担时，农户就会选择放弃种植经济作物而增加粮食作物播种面积。2017 年三种粮食平均每亩净利润为 -12.53 元，两种油料作物（花生、油菜籽）平均每亩净利润为 -75.1 元，棉花为 -470.28 元，烤烟为 -102.18 元②。因此，对比油料、棉花和烤烟三类经济作物，农户种植粮食作物获取的利润更高，农户愿意扩大粮食播种面积。

5.1.2 家庭福利最大化目标下的农户种植决策

对于专业大户和家庭农场来说，农业机械化发展降低了粮食的生产成本，他们通过扩大粮食的播种面积获得规模优势，用以抗衡经济作物的单位效益优势。而对于兼业农户来说，耕地规模有限，粮食生产不再具有规模优势，那么农业机械化发展会促进农户扩大粮食播种面积吗？

分析这一问题，需要先了解兼业农户形成的过程。在过去市场经济不发达

① 《农产品成本收益资料汇编》为公布 2000 年蔬菜平均成本收益数据，起始时间从 2001 年开始。

② 数据来源于《农产品成本收益资料汇编 2018》。

的时候，小农户更加注重作物种植的多样性，即种植一定比例的粮食作物以解决一家人的"吃饭"问题，同时也种植一定比例的经济作物用于出售，从而解决一家人的"用钱"问题。这种多样化种植的生产模式，在特定的历史时期发挥了重要作用，但随着市场经济的不断发展，其用工天数多、生产工序复杂、生产效率低下的弊端也逐渐显现。自改革开放以来，小农户外出就业的机会不断增加、就业选择的范围不断扩大，而外出务工和在家务农的收益的巨大剪刀差使"务农一年不如打工一月"成为事实。小农户外出务工成为主流，土地不再是农户获取收入的主要来源。一部分农户放弃耕种土地，将土地流转出去，有利于种粮大户扩大生产经营规模；而另一部分农户则成为兼业农户，在以非农收入为主要经济来源的前提下，仍然利用工余假日继续耕种土地。兼业农户未放弃耕种土地的原因主要有三个方面：第一，兼业农户出于恋土情节，将土地作为自己退出城市回归农村的后备保障。第二，兼业农户家庭中存在可以继续耕种土地的剩余劳动力。第三，从最新的调研情况来看，一部分兼业农户宁愿放弃一定的外出务工机会也要继续耕种土地，主要是为了获取绿色、健康、无污染且价格不贵的食物。随着"镉大米""塑料大米"和"人造大米"等事件的出现，居民越来越重视食品质量安全，居民获得绿色食品[①]的期望增高。由于生产环境的标准提高，绿色食品的价格相对偏高，农户购买绿色食品的成本大于自己种植的成本，农户更倾向于自己种植绿色食品。因此，有土地的兼业农户会选择自己种植专供自家食用的农作物，严格把控生产过程中农药、化肥的使用。

因此，从兼业农户形成的过程可以发现，兼业农户从事农业生产的主要目的不再是获取农业收入，追求的是实现家庭福利效益的最大化。兼业农户家庭收入的主要来源是工资性收入，外出务工需要固定的工作时间，农业生产投入的时间和劳动力越少越能给家庭带来更多的外出务工时间和劳动力，从而提高非农收入。从农业生产中节约的时间此处可以看作获得的农业闲暇时间。另外，兼业农户从事农业生产一般是利用工余假日时间，侵占了兼业农户个人的休息时间，不利于个人的长远发展，在收入达到一定水平后，兼业农户更加重视工余假日对增进家庭关系、提升自我能力的作用，兼业农户需要更多的闲暇时间。因此，兼业农户在选择农作物种植品种时会忽略其收益问题，更加关心生产过程中的便捷性，关心是否"惜力"[②]。

---

① 绿色食品是指在生产过程中不使用农药、化肥等有害化学合成物质的食品。

② 所谓"惜力"，是指随着工业化、城镇化进程加快，农业劳动力的就业机会增大，相应抬高了劳动力价格，所以在农业生产过程中，农民更加倾向于减少劳动力的投入。

使用农业机械替代人工劳动则给予了兼业农户获得更多闲暇时间的机会，从而实现家庭福利效益最大化。而相较于经济作物而言，粮食作物种植用工天数更少、更易管理、更适合于机械化操作，兼业农户更倾向于选择种植粮食作物。假设农业机械化水平进一步提高，粮食作物生产实现全程机械化，生产过程中的用工总量和用工时间相应减少，兼业农户就会获得更多的闲暇时间，实现家庭福利效益最大化。因此，在家庭福利效益最大化目标下，农业机械化发展会促使兼业农户扩大粮食播种面积，提高粮食作物种植比例。

5.1.3 机理分析

中国从 2004 年开始推广农机购置补贴，极大促进了农业机械化发展，农业机械在农业生产中扮演的角色越来越重要。农业机械化发展使农民告别了过去依靠人力、畜力从事农业生产的局面，使中国成为世界上最大的农机生产和使用大国。农业机械化发展的成效主要集中在两个方面：一是全国农作物的耕种收综合机械化率不断提升，从 1978 年的 19.66% 上升到 2018 年的 68.56%，上升了约 2.49 倍。其中三大主粮生产的机械化水平远高于其他农作物，说明在粮食生产过程中越来越依靠农业机械化作业。二是形成了中国特色农业机械化发展道路。中国农机跨区作业和社会化服务的兴起，为解决农业机械大规模作业与小规模农户生产的现实矛盾提供了有效的解决方案，减少了农机具的重复购置，提高了农机具的使用效率。另外，农机社会化服务从无到有、由小到大不断壮大发展。2008—2018 年，全国农机专业合作社年末机构数从 8 622 个增加到 72 640 个，年均增长率为 23.75%；全国农机专业合作社年末人数从 10.65 万人增加到 152.70 万人，年均增长率为 30.62%。农业专业合作社作业服务面积也不断扩大，2018 年农业专业合作社作业服务面积占农机化作业机耕面积的比例达到 41.88%①。

农业机械化发展带来了粮食生产全程机械化作业水平的不断提高，减少了生产过程中的用工数量和用工时间，降低了生产成本，使专业大户和家庭农场通过增加粮食播种面积获得规模优势，实现利润最大化目标。农业机械化发展也为兼业农户带来更多的农业生产闲暇时间，可以增加兼业农户的非农收入或者满足兼业农户的休息需求，实现家庭福利效益最大化目标。因此，农业机械化发展会影响专业大户、家庭农场和兼业农户的种植决策，扩大粮食播种面积，实现家庭总经济效益最大化。具体如图 5-1 所示。

---

① 数据来源于《中国农业机械工业年鉴（2019）》。

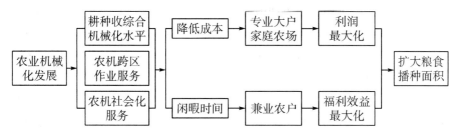

图 5-1　农业机械化发展对粮食播种面积的影响机理

5.1.4　研究假说

基于此，本章提出研究假说：

$H_{5.1}$：农业机械化发展对粮食作物播种面积占农作物总播种面积的比例有显著的正向影响。

5.2　研究方法与数据来源

5.2.1　研究方法

1. 线性混合模型

线性混合模型作为一种重要的统计模型，已被广泛应用于农业、生物学、经济学和社会科学等学科的数据分析中（周布，2012)[①]，其模型中既有固定效应，又有随机效应。那么为什么需要线性混合模型呢？因为有些现实的复杂数据是传统线性模型无法处理的，这些数据既包含个体重复实验所带来的随机噪声，又包含个体差异造成的随机效应。这些随机因素不能观测到但又不能忽略，于是，需要线性混合模型对这类既含有固定效应，又含有随机效应的数据进行预测和回归。本章将研究农业机械化对 1978—2018 年中国 28 个省份的粮食、蔬菜、油料三种农作物以及水稻、小麦和玉米三种主要粮食作物播种面积的影响情况，既涉及农业机械化等固定影响因素，又包含地区和时间的随机因素影响，因此选择线性混合模型能更好地解释实际情况。模型基本形式如下：

$$y_{ij} = \beta_1 x_{1ij} + \beta_2 x_{2ij} + \cdots + \beta_n x_{nij} + u_{i1} z_{1ij} + u_{i2} z_{2ij} + \cdots + u_{in} z_{nij} + \varepsilon_{ij}$$

$$(5-1)$$

---

① 周布. 非参数混合效应模型的正交化估计 [D]. 上海：华东师范大学，2012.

（5-1）式中 j 表示不同的农作物，i 表示不同的省份；y 为因变量，表示具体农作物占农作物总播种面积（或者粮食作物播种面积）的比例；x 为固定效应自变量。本章固定效应自变量包括核心自变量农作物耕种收综合机械化率（m），以及控制变量农业劳动力价格（price）、农业劳动力转移量（transfer）、农业补贴（sub）、人均耕地面积（land）、工业化水平（ind）、自然灾害率（dis）和地形（slope）等8个因素。z 表示随机效应变量，具体代表省份和年份。u 表示随机效应参数，ε 表示随机误差项，其元素不必服从独立同分布。

自变量和因变量的选择依据如下：

一是关于因变量。本章主要分析农业机械化发展对粮食播种面积的影响，农户在选择种植何种农作物的过程中，主要在粮食作物和经济作物之间进行比较，呈现出的结果是两种农作物种植比例的不同变化。因此，本章使用粮食作物和经济作物占农作物播种总面积的比例作为被解释变量，通过种植比例的变化体现农户种植决策的改变，从而避免耕地面积的单纯扩大带来农作物播种面积增长的影响。其中，粮食作物选择水稻、小麦和玉米。学术界通常将蔬菜、棉花、烤烟和油料四种作物作为研究经济作物的代表，本章考虑到棉花和烤烟种植范围有限，数据缺失省份较多，无法保持同其他作物比较的地区和时间的一致性，故未将棉花和烤烟纳入研究对象，仅选择蔬菜和油料表征经济作物。

二是关于核心自变量。农业机械化是本部分的核心解释变量。农业机械化主要是指农业机械在农业生产过程中使用程度、作用大小和使用效果的发展变化情况，用农业机械化水平指标对其进行衡量。从现有主流文献来看，农业机械总动力是衡量农业机械化水平甚至是农业现代化水平的主要指标（张晓波等，2017[1]；杨进 等，2016[2]）。但是农业机械总动力指标包括了不同类型的、不同作业方式的农业机械等，涵盖范围十分广，并且该指标属于存量指标，无法准确地衡量一个地区真实的农业机械化情况，用农机动力值表征农业机械化水平不具合适性。而农作物耕种收综合机械化率是个动态指标，能直接反映农业机械替代人工劳动参与农业生产的程度，其包括了本地农机和外地农机共同作业的情况，更符合本章研究主题，因此，本章选择农作物耕种收综合机械化率衡量农业机械化水平的高低。

---

① ZHANG X B, YANG J, REARDON T. Mechanization outsourcing clusters and division of labor in Chinese agriculture [J]. China economic review, 2017, 43: 184-195.

② 杨进，钟甫宁，陈志钢，等. 农村劳动力价格、人口结构变化对粮食种植结构的影响 [J]. 管理世界，2016（1）: 78-87.

三是关于控制变量。除了农业机械化发展带来的影响之外，农户进行种植决策还会受到其他诸多因素的影响。随着工业化和城镇化的不断发展，农业劳动力价格、农业劳动力非农就业会显著影响农户种植决策；土地经营规模的大小、农业补贴的力度以及气候的稳定性也会显著影响农户种植决策；另外，农业机械的使用受地形因素的影响较大，因此地形因素是研究农户种植决策不可忽略的影响因素。参考现有主流文献，本章选择地区农业劳动力价格、农业劳动力转移量、工业化水平、人均耕地面积、农业补贴、自然灾害率和地形作为控制变量。黄玛兰和李晓云（2019）[①] 在研究农业劳动力价格上涨对农作物种植结构变化的影响情况时，考虑了化肥施用量对农作物播种面积比例的影响情况，但是本章通过皮尔逊相关系数检验发现化肥施用量和农业机械总动力存在强相关性，为避免自变量之间的多重共线性，未将化肥施用量纳入控制变量中。

2. 自相关性检验

模型选定后对自变量进行相关性分析。检验变量之间相关关系的方法很多，其中最常使用的是皮尔逊相关系数检验。因此，本章选择皮尔逊相关系数检验自变量之间的相关性，计算公式为：

$$\rho_{x,\,y} = \frac{\mathrm{cov}(x,\,y)}{\sigma_x\,\sigma_y} = \frac{E\big[\,(x - \mu_x)\,(y - \mu_y)\,\big]}{\sigma_x\,\sigma_y} = \frac{E(xy) - E(x)\,E(y)}{\sqrt{E(x^2) - E^2(x)}\,\sqrt{E(y^2) - E^2(y)}}$$

$$(5-2)$$

（5-2）式中 x 和 y 表示任意两个自变量，E 表示数学期望，cov 表示协方差。

本章各自变量的皮尔逊相关系数检验结果如表5-1所示。可以看到，大部分自变量之间的皮尔逊相关系数在0.3以下，没有相关性；少部分自变量之间的皮尔逊相关系数介于0.3和0.8之间，存在弱相关性。因此，可将上述自变量作为影响农作物种植结构变化的驱动因素。

① 黄玛兰，李晓云. 农业劳动力价格上涨对农作物种植结构变化的省际差异性影响 [J]. 经济地理，2019，39（6）：172-182.

表 5-1　各自变量的皮尔逊相关系数

变量	m	price	land	ind	transfer	sub	dis	slope
m	1.00	0.50	0.47	0.51	-0.23	0.53	-0.17	0.55
price	0.50	1.00	-0.12	0.52	-0.18	0.58	-0.39	0.30
land	0.47	-0.12	1.00	0.00	-0.40	0.21	0.18	0.11
ind	0.51	0.52	0.00	1.00	-0.24	0.26	-0.08	0.37
transfer	-0.23	-0.18	-0.40	-0.24	1.00	0.04	-0.05	-0.10
sub	0.53	0.58	0.21	0.26	0.04	1.00	-0.33	0.01
dis	-0.17	-0.39	0.18	-0.08	-0.05	-0.33	1.00	-0.11
slope	0.55	0.30	0.11	0.37	-0.10	0.01	-0.11	1.00

3. 模型选择方法——AIC

影响农作物播种面积的因素众多。计量模型中遗漏关键解释变量会直接影响估计结果的准确性；但是模型中的未知参数过多也会造成过度拟合发生，因此需要检验模型参数的设置是否合适。赤池信息准则（Akaike information criterion，AIC）是寻找可以最好解释数据但包含最少自由参数的模型，通过增加自由参数的数目提高拟合的优良性，优先考虑的模型应该是 AIC 值最小的那一个。

以粮食作物播种面积占农作物总播种面积的比例数据为例，通过构造基本线性模型（5-3）、线性混合模型（5-4）和含地形因素交互项的线性混合模型（5-5）三个模型，计算并比较各个模型 AIC 值大小，从而选择拟合效果最好的模型。结果如表 5-2 所示。

$$y_{igrain} = \beta_1 \ln m_{ij} + \beta_2 \ln price_{ij} + \beta_3 \ln transfer_{ij} + \beta_4 \ln sub_{ij} + \beta_5 \ln land_{ij} + \beta_6\, ind_{ij} + \beta_7\, dis_{ij} + \varepsilon_{ij} \tag{5-3}$$

$$y_{igrain} = \beta_1 \ln m_{ij} + \beta_2 \ln price_{ij} + \beta_3 \ln transfer_{ij} + \beta_4 \ln sub_{ij} + \beta_5 \ln land_{ij} + \beta_6\, ind_{ij} + \beta_7\, dis_{ij} + u_{i1}\, prov_{ij} + u_{i2}\, time_{ij} + \varepsilon_{ij} \tag{5-4}$$

$$y_{igrain} = \beta_1 \ln m_{ij} + \beta_2 \ln price_{ij} + \beta_3 \ln transfer_{ij} + \beta_4 \ln sub_{ij} + \beta_5 \ln land_{ij} + \beta_6\, ind_{ij} + \beta_7\, dis_{ij} + \beta_8 \ln m_{ij} \cdot slope_{ij} + u_{i1}\, prov_{ij} + u_{i2}\, time_{ij} + \varepsilon_{ij}$$

$$\tag{5-5}$$

（5-3）式、（5-4）式和（5-5）式中，y_{igrain} 表示粮食播种面积占比，其他变量含义同（5-1）式。

表 5-2　不同模型的 AIC 值

模型	自由度	AIC
(5-3)	11	−2 208. 85
(5-4)	13	−3 339. 12
(5-5)	14	−3 347. 10

从表 5-2 中可以看到，加入了地形和农业机械总动力交互项的线性混合模型即模型（5-5）中的 AIC 值最小，即该模型对数据的拟合效果最好，因此选择该模型进行后续分析。

5.2.2　数据来源

本章以中国 27 个省（区、市）为研究对象，相应对省级面板数据进行分析，时间覆盖范围为 1978—2018 年。数据来源于《中国统计年鉴》《中国农村统计年鉴》《中国农业机械工业年鉴》《全国农产品成本收益资料汇编》《新中国农业 60 年统计资料》《国内外农业机械化统计资料（1949—2004）》和各省统计年鉴。使用的分析软件是 RStudio。

本章自变量的具体定义如下：①农业机械化水平：用农作物耕种收综合机械化率反映。此处选取"农作物耕种收综合机械化率"而非"农业机械总动力"，主要出于适用性的考虑。本章研究的是农业机械化对不同农作物的播种面积占比的影响，"农作物耕种收综合机械化率"比"农业机械总动力"更能直观体现不同农作物之间的农业机械化作业差异。农作物耕种收综合机械化率的测算方法和数据来源与本书第 3 章 3.1 节内容相同。②农业劳动力价格：用农村居民人均工资性收入反映，并使用居民消费价格指数进行平减处理。③农村劳动力转移：用乡村人口数量反映。省级层面的农村劳动力流动数据很难获取，而乡村人口数量的增减能在一定程度上反映农村劳动力的流动情况，因此参考现有主流文献的处理方法（吕炜 等，2015）[①]，本章选择乡村人口数量表征农村劳动力转移。同时，为了减少人口出生率与死亡率对乡村人口的影响，本章采用年末乡村常住人口/（1+人口自然增长率）数据来衡量农村劳动力转移。④农业补贴金额：参考吕炜等（2015）的处理方法，用财政支农支出数据反映，并使用居民消费价格指数进行平减处理。⑤人均耕地面积：用耕地总

---

① 吕炜，张晓颖，王伟同. 农机具购置补贴、农业生产效率与农村劳动力转移 [J]. 中国农村经济，2015, 368（8）：24-34.

面积除以乡村人口总数得到人均耕地面积数据反映。土地规模的大小会显著影响农户使用农业机械的程度，进而影响种植结构。⑥工业化发展水平：用工业增加值与第三产业增加值占地区生产总值的比例反映。一般来说，工业化水平越高的地区越能吸引劳动力的转入，农业劳动力转移量越多越会影响农户种植结构的调整。同时工业化水平与城镇化水平密切相关，为避免自变量之间的多重共线性，本章只选择工业化水平衡量非农就业机会。⑦自然灾害率：用农作物受灾面积和成灾面积占农作物总播种面积的加权比例反映，加权比重分别为0.1和0.3。⑧地形：对于中国31个省（自治区、直辖市）的地形数据，本章采用各地区的耕地坡度大小进行反映。作者在 ASTER GDEM V2 版①高程数据基础上借助 ArcGIS 10 版软件，计算出中国31个省（区、市）的地形坡度，最后选择地形坡度小于或等于6°②的地形所占比例表示地形数据。

变量具体定义及描述性统计结果见表5-3，观测值均为 1 107 个。从表5-3中各农作物播种面积占农作物总播种面积的比例均值来看，粮食作物所占比例大于经济作物，说明农户种植结构中还是以粮食作物为主。而从粮食作物具体品种来看，水稻播种面积所占比例最大，其次是玉米，最后是小麦。表5-3中农业补贴金额和自然灾害率的最小值出现零值，此处的零值并不代表没有农业补贴或者未发生自然灾害，而是由于数据过小，在处理过程中四舍五入后的结果。

表 5-3　主要变量基本统计量

变量名称	变量定义	均值	中位数	标准差	最大值	最小值
粮食播种面积占比/%	粮食占农作物总播种面积之比	71.57	72.94	11.53	96.87	32.81
蔬菜播种面积占比/%	蔬菜占农作物总播种面积之比	9.24	6.67	7.82	49.55	0.93

① ASTER GDEM，即"先进星载热辐射和反射仪全球数字高程模型"，是根据美国太空总署（NASA）的新一代对地观测卫星 Terra 的详尽观测数据制作完成的，其数据所涵盖的范围是从北纬83°到南纬83°之间的所有陆地区域，覆盖了地球陆地表面的99%，其全球空间分辨率约为30m，垂直分辨率为20m。2009年发布了第一版，2011年10月又发布了第二版，第二版相较于第一版采用了一种更加先进的算法对第一版的影像进行改进，提高了数据的空间分辨率精度和高程精度，本书研究所用数据为第二版。

② 在1984年中国农业区划委员会颁发的《土地利用现状调查技术规程》中，将耕地坡度划分为五个等级，即小于或等于2°、2°~6°、6°~15°、15°~25°、25°以上，并将小于或等于2°、2°~6°两个等级的耕地划分为平耕地，6°~15°、15°~25°两个等级的耕地划分为缓坡耕地，25°以上的耕地为陡坡耕地。农业生产与耕地坡度有很大关系，耕地坡度的不同级别，对农业生产利用农业机械的程度不同。一般坡度大于15°的，是农业机械化耕作的上限；坡度大于25°就不适宜开垦，适宜发展林业。基于此，本书将各地区的耕地坡度划分为坡度小于2°、2°~6°、6°~15°、15°以上四类地区。其中坡度小于2°和2°~6°的平耕地适宜农业机械化耕作，6°~15°的缓坡耕地在一定条件下可以运用农业机械耕作，15°以上的缓坡和陡坡耕地不适宜农业机械化耕作。

表5-3(续)

变量名称	变量定义	均值	中位数	标准差	最大值	最小值
油料播种面积占比/%	油料占农作物总播种面积之比	7.34	6.81	3.79	21.1	0.28
水稻播种面积占比/%	水稻占粮食作物播种面积之比	30.27	20.23	29.66	92.64	0.02
小麦播种面积占比/%	小麦占粮食作物播种面积之比	22.72	22.78	17.73	68.67	0.01
玉米播种面积占比/%	玉米占粮食作物播种面积之比	23.43	21.82	18.59	79.37	0.05
农作物耕种收综合机械化率/%	机耕水平×0.4+机播水平×0.3+机收水平×0.3	35.73	33.48	22.81	96.77	0.13
农业劳动力价格/元	农村居民人均工资性收入	290.31	139.01	386.02	2 581.98	5.7
人均耕地面积/hm²	耕地总面积/乡村人口	0.18	0.12	0.15	1.05	0.01
工业化水平/%	(工业增加值+第三产业增加值)/GDP	72.8	73.71	12.18	96.59	42.76
农业劳动力转移数量/万人	年末乡村常住人口/(1+人口自然增长率)	2 859.43	2 319.8	2 036.73	13 289.1	204.68
农业补贴金额/亿元	财政支农总金额	22.82	5.27	35	184.36	0
自然灾害率/%	受灾面积比重×0.1+成灾面积×0.3	6.93	6.18	4.39	25.82	0
地形/%	坡度小于或等于6°的地形所占比例	38.84	35.08	22.09	88.62	7.73

5.3 实证分析

上文的理论分析,证实了农业机械化与粮食播种面积之间存在一定的现实逻辑关系,在专业大户、家庭农场和兼业农户的不同种植目标下,农业机械化会带来粮食播种面积的扩大。本章将通过严格的计量分析进一步判断农业机械化是否会影响粮食播种面积,并分地区讨论农业机械化对粮食播种面积的影响有何差异。

5.3.1 粮食作物与经济作物的实证分析结果

表5-4 显示了农作物耕种收综合机械化率对粮食作物和经济作物的实证回归结果。从回归结果来看,农作物耕种收综合机械化率的提高会促使粮食作物播种面积占比的提高,但是会降低蔬菜作物的播种面积占比。也就是说,在农作物耕种收综合机械化率高的地区,农户更加倾向于种植粮食作物。因为蔬菜属于劳动密集型农作物,其种植过程需要人工精心管护,机械替代人工操作

的难度较大，从此角度来看蔬菜在农户种植决策过程中处于劣势地位。从回归结果来看，农作物耕种收综合机械化率对油料作物播种面积具有显著的正向影响，但其回归系数值较小，说明影响程度不明显。油料作物主要包括大豆、花生、油菜等，相较品种多样的蔬菜其生产过程中更易于用机械替代劳动力，因此农作物耕种收综合机械化率的提高也会显著提高油料作物播种面积占比。但是同粮食作物相比，油料作物的机械使用率相对较低，因此表现出农作物耕种收综合机械化率对油料作物播种面积占比的影响系数（0.084）显著小于粮食作物（0.240）。综上，验证了本书研究假设：农业机械化发展对粮食作物播种面积占农作物总播种面积的比例有显著的正向影响。即农业机械化水平的提高有助于农户提高易机械化生产的粮食作物的播种面积占比，而降低不易于机械化耕作的农作物的播种面积占比。

表 5-4　粮食作物和经济作物的回归结果

自变量	粮食	蔬菜	油料
农作物耕种收综合机械化率	0.240*** (0.033)	-0.191*** (0.023)	0.084*** (0.014)
ln_农业劳动力价格	-0.020*** (0.006)	0.019*** (0.004)	0.006** (0.002)
ln_农业劳动力转移数量	0.021* (0.009)	-0.065*** (0.006)	-0.007 (0.004)
ln_人均耕地面积	0.018* (0.008)	-0.039*** (0.005)	0.002 (0.003)
工业化水平	-0.092** (0.03)	0.031 (0.021)	0.121*** (0.012)
ln_农业补贴	0.001 (0.003)	0.008*** (0.002)	-0.004*** (0.001)
自然灾害率	-0.037 (0.044)	0.013 (0.031)	-0.010 (0.019)
农作物耕种收综合机械化率×地形坡度	0.190*** (0.049)	0.012 (0.033)	-0.204*** (0.021)

注：*、**、*** 分别表示在10%、5%、1%水平上显著。

　　从其他控制变量来看，当农业劳动力价格上涨后，农户更加倾向于提高蔬菜等经济作物的播种面积占比，而降低粮食作物的播种面积占比。随着农业劳动力价格上涨，农户可能会选择仍然种植粮食作物，但前提是需要使用农业机械降低生产成本；另外，农户也可能选择减少粮食播种面积，而扩大投入大但经济效益好的经济作物播种面积,用高经济效益弥补劳动力价格上涨带来的损失。

农业劳动力转移对粮食作物播种面积占比在 10% 的显著性水平下存在正向影响,对蔬菜播种面积占比在 1% 的显著性水平下存在负向影响,对油料播种面积占比有负向影响但是不显著,即农业劳动力转移数量的增加会提高蔬菜播种面积占比而缩小粮食作物播种面积。这同上文分析内容有异,即上文认为农业劳动力转移后,使用农业机械替代农业劳动会提高粮食作物播种面积占比。但是仔细分析可以发现,其含义有所不同。改革开放以来,中国第一产业从业人员数量经历了由增到减的变化历程,由 1978 年的 28 318 万人增加到 1991 年的最大值 39 098 万人,之后不断减少至 2019 年的 19 445 万人。蔬菜属于劳动密集型作物,不易于农机操作,但是其经济收益高于粮食作物,农户愿意通过雇用劳动力或者增加劳动时间方式扩大蔬菜播种面积,以期获得更多的家庭收入,从而在家庭农业劳动力短缺的背景下实现家庭经营收入不变。

人均耕地面积越大,粮食播种面积占比越大,蔬菜播种面积占比越小;工业化水平越发达的地区,粮食播种面积占比越小,蔬菜和油料播种面积占比越大——虽然对蔬菜影响的回归系数不显著。农业补贴对蔬菜播种面积占比具有显著的正向影响。自然灾害率对三种作物的影响均不显著,其原因可能在于当期自然灾害的发生是在当期种植决策之后,因此当期自然灾害发生的概率会影响下期农户种植决策。

从农作物耕种收综合机械化率和地形坡度的交互项回归结果来看,在农作物耕种收综合机械化率提高之后,地形越平坦的地区,越倾向于提高粮食作物播种面积占比,而降低油料作物播种面积占比。因为在丘陵或者山区等地形坡度较大的地区,其耕地面积小且分散,不利于农业机械作业,在劳动力价格上涨后,该区域的农户更加倾向于种植人工成本相对较低而收益较高的油料作物。对蔬菜播种面积占比的影响不显著。

5.3.2 粮食作物内部结构的实证分析结果

主要粮食作物内部结构的实证分析结果如表 5-5 所示。

表 5-5　水稻、小麦和玉米的回归结果

自变量	水稻	小麦	玉米
农作物耕种收综合机械化率	0.064** (0.02)	-0.14*** (0.028)	0.334*** (0.033)

表5-5(续)

自变量	水稻	小麦	玉米
ln_农业劳动力价格	-0.012*** (0.003)	-0.013*** (0.004)	0.012* (0.005)
ln_农业劳动力转移数量	0.021*** (0.006)	-0.069*** (0.009)	0.024* (0.01)
ln_人均耕地面积	0.015** (0.005)	-0.031*** (0.007)	-0.016* (0.008)
工业化水平	-0.08*** (0.015)	0.077*** (0.02)	-0.259*** (0.028)
ln_农业补贴	0.005** (0.002)	-0.011*** (0.002)	0.006* (0.002)
自然灾害率	0.038 (0.027)	-0.09* (0.039)	-0.027 (0.045)
农作物耕种收综合机械化率×地形坡度	0.05 (0.031)	0.373*** (0.045)	-0.057 (0.05)

注：*、**、***分别表示在10%、5%、1%水平上显著。

5.3.3 不同地区之间的异质性检验

为了说明上述问题的地区差异，并提供相应稳健性检验，本章按照四大经济区①进行分区域估计，回归结果见表5-6。表中各列因变量为粮食作物占农作物总播种面积的比例。可以看出，本章估计结果基本上是稳健的，但也存在一定的地区差异。

表 5-6　不同地区的异质性回归结果

自变量	东部	中部	东北	西部
农作物耕种收综合机械化率	0.212*** (0.055)	0.148* (0.066)	-1.409*** (0.134)	-0.102 (0.06)

---

① 根据《中共中央、国务院关于促进中部地区崛起的若干意见》《国务院发布关于西部大开发若干政策措施的实施意见》以及党的十六大报告的精神，我国经济区域被划分为东部、中部、西部和东北四大地区。结合本章的数据范围，本章中的东部地区包括北京、天津、河北、上海、江苏、浙江、福建、山东和广东9个省（直辖市）；中部地区包括山西、安徽、江西、河南、湖北和湖南6个省；西部地区包括内蒙古、广西、四川、贵州、云南、陕西、甘肃、宁夏和新疆9个省（自治区）；东北部地区包括辽宁、吉林和黑龙江3个省。

表5-6(续)

自变量	东部	中部	东北	西部
ln_农业劳动力价格	-0.074*** (0.009)	-0.059*** (0.009)	-0.008 (0.007)	-0.045*** (0.006)
ln_农业劳动力转移数量	0.031* (0.014)	-0.004 (0.038)	0.034 (0.038)	-0.039*** (0.012)
ln_人均耕地面积	0.009 (0.015)	0.041 (0.028)	0.056* (0.024)	-0.016 (0.009)
工业化水平	0.137** (0.041)	-0.200*** (0.039)	-0.065 (0.038)	-0.246*** (0.047)
ln_农业补贴	-0.008** (0.003)	0.020** (0.006)	-0.010 (0.005)	0.001 (0.004)
自然灾害率	-0.155 (0.084)	-0.053 (0.073)	-0.089* (0.043)	-0.122 (0.067)
农作物耕种收综合机械化率×地形坡度	0.276*** (0.064)	0.072 (0.108)	3.367*** (0.338)	0.472*** (0.120)

注: *、**、***分别表示在10%、5%、1%水平上显著。

在东部地区和中部地区,农作物耕种收综合机械化率对粮食播种面积占比具有显著的正向影响,说明农业机械化水平的提高有利于促进农户提高粮食播种面积的占比,同表5-4中的结论一致。并且在东部地区,农作物耕种收综合机械化率和地形坡度的交互项对粮食播种面积占比存在显著的正向影响,说明在地形越平坦的地区,农业机械化对粮食播种面积的影响越明显。由此可见,随着农机装备水平的提高、小型通用机械的推广应用、"藏粮于地、藏粮于技"战略的推进以及高标准农田建设规模的扩大,在东部地区和中部地区原来一些不适合种植粮食的丘陵山地也可以扩大种植面积。

但在东北地区,农作物耕种收综合机械化率对粮食播种面积占比不具有显著的正向影响,同东部地区和中部地区的结果存在差异。其主要原因在于东北地区农业机械化水平和粮食播种面积的提升空间十分有限,从而导致农业机械化水平的提高不能扩大粮食作物的播种面积。2019年中国东北地区的粮食播种面积和粮食产量占全国的比重分别为20.22%、20.80%,东北地区用不到10%的土地面积种植了全国1/5的粮食,东北地区粮食种植面积基数过大,导致粮食播种面积的进一步扩大空间有限。另外,2018年东北地区农作物耕种收综合机械化率为92.32%,位于四大地区之首,但每亩平均农机动力却是四大地区最小的。东北地区以平均最低的农机装备水平实现了最高的农业机械化水平,实现了农业机械资源的有效利用,但是正因如此东北地区农业机械化水平的进一步提升空间变得十分有限①。从农作物耕种收综合机械化率和地形坡度的交互项来看,在东北地形平坦的地区,农业机械化水平的提高对粮食播种面积占比具有显著的影响。地形越平坦的地区更易使用农业机械替代人工劳动,从而带来粮食播种面积的扩大。因此,总体来看,在东北地区农业机械化水平的提高有利于促进农户提高粮食播种面积的占比。

在西部地区,农作物耕种收综合机械化率对粮食播种面积占比的影响为负,且不显著。但农作物耕种收综合机械化率和地形坡度的交互项对粮食播种面积占比存在显著的正向影响。这说明在西部地区,农业机械化发展受地形的影响较大,从而导致农业机械化水平对粮食播种面积的占比影响受地形因素的限制,即在地形平坦的地区农业机械化水平的提高能显著促进粮食播种面积占比的提高。

再从控制变量来看,农业劳动力价格对四大地区的粮食播种面积占比均具有显著的负向影响,验证了表5-4的回归结果,说明在应对农业劳动力成本上涨问题中,农户在生产过程中会倾向于增加农业机械作业,从而扩大易于机械作业的粮食作物的播种面积。在西部地区,农业劳动力转移数量越多,粮食播种面积占比越大,说明在劳动力大量转移的地区农户更倾向于种植易于机械化操作的粮食作物。

人均耕地面积对东北地区的粮食播种面积占比具有显著的正向影响。东北地区是中国人均耕地面积较大的地区,适宜农作物的连片种植,易于机械化操作,所以人均耕地面积越大越能激发农户提高粮食播种面积占比的积极性。

工业化水平对东部地区的粮食播种面积占比的影响在5%水平下显著为正,对中部地区和西部地区的粮食播种面积占比的影响在1%水平下显著为负,对东北地区的粮食播种面积占比的影响不显著。即在东部地区,工业化发展水平越高,农户种植粮食作物的面积越大,而在中部地区和西部地区则相反。其原因可能在于东部地区的城镇化水平更高,工业化发展时间和发展水平均高于中部地区和西部地区,对农业劳动力的吸引力也要远大于其他两个地区,因此农业劳动力转移数量更多,促使农户使用农业机械弥补农业劳动力的不足,从而带动了农业机械化的发展,进而也促使农户更倾向于种植易于机械操作的粮食作物。

农业补贴对东部地区粮食播种面积占比的影响在5%水平下显著为负,对

_____

① 数据来源于本书第3章。

中部地区粮食播种面积占比的影响在5%水平下显著为正。王欧、杨进（2014）[1]
的观点正好可以解释这一情况。他们认为在贫困地区,农业补贴对农户种植决
策的影响会更大,因为农业补贴可以缓解贫困地区农户农业生产的资本短缺矛
盾,使农户可以通过投资农业机械改善生产条件,从而提高生产效率。因此,在
经济发展水平较低的中部地区,农业补贴能帮助当地农户提高农业机械化水平,
从而促使农户扩大粮食作物播种面积。自然灾害率对四个地区的粮食播种面积
占比的影响系数均为负,同表5-4中的结论一致。

5.4 稳健性检验和内生性问题处理

5.4.1 方差齐性和正态分布检验

为了确保模型估计结果的稳健性,上文做了不同区域之间的计量分析,结果
表明估计结果基本稳健,但模型是否具备方差齐性或者模型的残差值是否服从
正态分布,还需做进一步检验。检验结果如图5-2和图5-3所示[2]。由此可见,
6种农作物的模型均通过了同方差和残差值的正态分布检验。

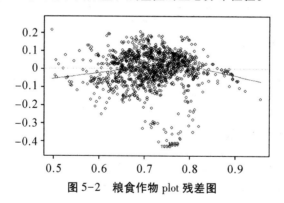

图 5-2 粮食作物 plot 残差图

① 王欧,杨进.农业补贴对中国农户粮食生产的影响[J].中国农村经济,2014(5):20-28.
② 因本书篇幅限制,此处只给出粮食作物的检验结果图,如果读者对其他作物的检验结果图
感兴趣可向作者索要。

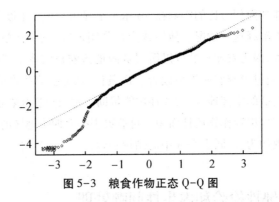

图 5-3 粮食作物正态 Q-Q 图

5.4.2 格兰杰因果检验

表 5-7 显示了格兰杰因果检验的结果。结果表明粮食播种面积占比和农作物耕种收综合机械化率不存在格兰杰因果关系,而农作物耕种收综合机械化率和粮食播种面积占比则存在格兰杰因果关系。因此对于粮食作物而言,农业机械化水平的高低会显著影响粮食播种面积在农作物总播种面积中的占比。

表 5-7 格兰杰因果检验

Equation	Excluded	df	F	Prob($>F$)
农作物耕种收综合机械化率	粮食播种面积占比	-2	5.608 1	0.004**
粮食播种面积占比	农作物耕种收综合机械化率	-2	0.978	0.376

注:*、**、***分别表示在10%、5%、1%水平上显著。

5.4.3 内生性问题处理

理论上讲,粮食播种面积占比会受到农业机械化水平的影响;而当粮食播种面积不断扩大后,对农业机械的需求量就会增长,从而促进农业机械化水平的提高。因此,农业机械化水平和粮食播种面积之间存在互相决定、互相影响的关系,两者之间互为因果的关系影响了回归结果的准确性,如果直接将两者进行计量回归可能导致内生性问题。所以,为解决上述问题,本章采用工具变量法进行处理。

本章参照彭继权和张利国 (2020)[①] 的思路,使用各省份的公路密度(公

---

① 彭继权,张利国. 农业机械化对农户主粮种植面积的影响 [J]. 中国农业大学学报, 2020, 25 (9): 227-238.

路里程占土地面积的比例）① 作为工具变量，因为农业机械的运输依赖于完善的公路基础设施，良好的公路基础设施更有利于农业机械化水平的提高，而公路基础设施基本不会对农户种植粮食作物面积产生影响，因此将其作为工具变量具有较强的可行性。对被解释变量——粮食播种面积占比采用个体时间双固定模型进行估计，得到如表5-8所示回归结果。结果显示，第一阶段联合检验的 F 统计量为79.3，大于10，排除了弱工具变量的可能性。在控制个体和时间因素后，农业机械化水平的提高对粮食播种面积占比具有显著的正向影响，其他控制变量的结果也与表5-4中结果基本一致，可见模型结果是稳健的，有效地消除了内生性偏误。

表5-8　工具变量回归结果

变量	粮食播种面积占比
农作物耕种收综合机械化率	0.656** (0.210)
ln_农业劳动力价格	-0.070*** (0.008)
ln_农业劳动力转移数量	0.002 (0.015)
ln_人均耕地面积	0.006 (0.015)
工业化水平	-0.142*** (0.024)
ln_农业补贴	-0.019*** (0.004)
自然灾害率	-0.086 (0.058)
农作物耕种收综合机械化率×地形坡度	-0.457 (0.283)
_cons	1.048*** (0.093)
F 统计量	79.3***
R^2	0.216
N	1 080

注：*、**、***分别表示在10%、5%、1%水平上显著。

---

① 1978年各省份公路里程数据缺失，故使用1979—2018年数据。各省份土地面积统一以2018年数据为准。

5.5　本章小结

本章利用 1978—2018 年中国 27 个省（区、市）的面板数据，采用线性混合模型，研究了中国农业机械化发展对农户粮食播种面积的影响，得到以下研究结果：一是农作物耕种收综合机械化率的提高对粮食播种面积占比具有显著的正向影响，即随着农业劳动力价格上涨和农业劳动力非农转移，农业机械替代人工劳动，农户种植结构由"去粮化"向"趋粮化"发展。二是在粮食作物内部，农作物耕种收综合机械化率的提高对玉米播种面积占比具有显著的正向影响。三是在中国东部地区和中部地区，农作物耕种收综合机械化率对粮食播种面积占比具有显著的正向影响，说明随着农机装备水平的提高、小型通用机械的推广应用、"藏粮于地、藏粮于技"战略的推进以及集中连片高标准农田建设规模的扩大，在东部地区和中部地区原来一些不适合种植粮食的丘陵山地也可以扩大种植面积。但在东北地区，农作物耕种收综合机械化率对粮食播种面积占比不具有显著的正向影响，其主要原因在于东北地区农业机械化水平和粮食播种面积的提升空间十分有限，从而导致农业机械化水平的提高不能扩大粮食作物的播种面积。

6 农业机械化发展对粮食产量的影响

在本书第 4 章中已经证实了农业机械化发展对粮食生产技术效率具有空间溢出效应，即本地农业机械化水平的提升对本地和邻近地区粮食生产技术效率的提高均具有显著的促进作用。而在第 5 章中则证实了农业机械化水平的提高有利于农户扩大粮食作物播种面积。综上可知，农业机械化发展会影响粮食生产的技术效率和播种面积，从而影响粮食的产出水平。那么，农业机械化对粮食产量具有怎样的影响呢？是否受粮食生产技术效率的影响也存在空间溢出效应呢？这种空间溢出效应是否会随着时空的变化产生相应的变化？公路交通基础设施在农业机械化对粮食产量的空间溢出效应中扮演何种角色？

带着这些疑问本章将利用 2000—2018 年中国 280 个地市州面板数据研究农业机械化对粮食产量的影响，并分析公路交通基础设施在农机跨区作业对粮食增产过程中起到的"门槛变量"作用。

6.1 机理分析及研究假说

6.1.1 机理分析

1. 农业机械化对粮食的增产效应

在农业经济学中，土地、劳动力、机械和化肥等农业投入要素被认为是影响粮食生产的主要因素，同粮食产量的持续增长密切相关。而农业机械替代农村劳动力成为粮食生产中不可或缺的重要投入要素，在提高粮食产量中的作用越来越明显。

在分析农业机械化水平对粮食产量的影响之前，需要首先梳理中国农业机械化实现的两种模式：一种是自备自用农业机械，农户购买农业机械系满足自家生产需要；另一种是购买农机社会化服务，即农户直接从市场中购买农机服务组织提供的农机服务。从第 3 章中国农业机械化发展历程中可以看到，中国实行家庭联产承包责任制后，小规模经营的农户倾向于自备自用农业机械，并以小型、多用、优质、价廉的农机为主。从 20 世纪 90 年代到 21 世纪初，由于中国农业经营的小农基础、家庭联产承包责任制改革和要素禀赋特征，中国农户更愿意购买农机社会化服务，而不是直接购买价格较高的农业机械，从而促进农业社会化服务市场迅速发展。

而由中国传统的专业割麦服务（"麦客"）发展而来的农机跨区作业服务是农机社会化服务的成功实践。农机跨区作业使某个地区闲置的农用机械可以服务于农机具拥有量较少的周边地区，这不仅能提高当地农机手的比较收益，还能解决周边地区在粮食播种和收获过程中农机供应不足问题，大大推动了中国的农业机械化发展。农机跨区作业使农业机械可以跨区域流动，从而使农业机械化水平的提高不仅影响当地的粮食生产，还对周边地区的粮食生产产生空间溢出效应。

因此，通过自购自用农业机械或者购买农机社会化服务实现农业机械化生产后，农业机械化对粮食产量的影响有两个方面：一个是直接效应，另一个是空间溢出效应。下面对两个影响的作用机制进行详细分析。

第一，农业机械化对粮食产量的直接效应，就是通过农业机械化作业带来的专业化效应和规模化效应提高了粮食生产技术效率和粮食播种面积占比，从而促进了本地区粮食产量的增长。一方面，农业机械化能带来专业化效应。农业机械的使用可以深化粮食生产环节的专业化分工程度，有效降低粮食生产平均成本和提高粮食生产技术效率，从而提高粮食产量。例如在耕种环节，使用农业机械进行深耕、深松或整地作业，能够有效提高土壤的肥力，提高粮食生产技术效率。在播种环节，使用精量机械播种能节约种子、水和耕地资源。在收获环节，运用机械收割粮食不仅可以提高收割效率，还可以减少人工收割造成的损失。另一方面，农业机械化能带来规模化效应。农业的规模化经营需要更先进的农业机械参与生产，从而促进农业机械化发展；农业机械化水平提高后，为方便农机集中连片操作，农户会趋于规模化种植农作物，从而产生规模化效应。农机社会化服务使我国小规模经营农户也可以使用大型农业机械进行规模化生产，从而实现规模经济。在面对劳动力成本高和雇工劳动质量监督难的问题，使用农业机械替代人工劳动是农户降低粮食生产成本的明智选择。由于农户家庭经营的土地的规模较小，农户购买大型农机具参与农业生产的概率较小，他们更愿意购买具有价格比较优势的农机服务，这样既能解决农业用工替代问题又能节约成本。当农业机械化水平进一步提高后，农户更倾向于种植便于机械化操作的大田粮食作物，从而在种植品种上形成规模效应，分摊生产设备投资等固定成本，从而降低粮食生产成本。

第二，农业机械化对粮食产量的空间溢出效应，即农业机械化水平的提高能带动周边地区粮食产量的提高。当本地区的农业机械化水平发展到一定程度后，会向周边地区输出农机、传播农技，即进行农机跨区作业。农机跨区作业通过输出新机具和新技术促进周边地区农业机械化水平的提高。农业技术的扩散路径是从近到远的，在农机跨区作业过程中，农机手将某地区先进的农机技术扩散到其他地区，促进了农机技术的区域转移，农机跨区作业则成为技术溢出的途径和工具。传统粮食作物的种植模式是自给自足的，农业机械也是自有自用，封闭的信息环境以及农机变更成本高等因素都大大降低了农户接触新机具和新技术的可能性。新型农机具和农机新技术能改进粮食生产耕、种、收环节的不合理处，提高粮食生产效率，从而提高粮食产量。中国地域辽阔，各地区经济发展水平差异较大，运用农机新技术和新机具的能力也不同。在经济发展水平较低的地区，农户由于资金压力无法购买新型农机具，相应也无法掌握农机新技术，阻碍了新型农机在粮食生产过程中的运用，不利于粮食生产的机械化操作。而农机跨区作业实现了农机具和农机技术的双重扩散。农机跨区作业，将一种新技术、新机具推广到所经过地区，让周边其他地区的农户切身感受到新型农机和农机新技术产生的优势，由此提高农户学习农机新技术、购买新农机的积极性，从而有利于农机新技术和新机具的不断推广，提高粮食生产过程中的整体机械化水平。农机跨区作业解决了中国家庭联产承包制下农户小规模经营与社会化生产之间的矛盾，使在耕地细碎化的条件下依然能实现农业机械化。当周边地区的农业机械化水平进一步提高后，机械化作业带来的专业化效应和规模化效应将会提高粮食生产技术效率并降低粮食生产成本，从而提高粮食单产水平和调动农户种粮积极性，促进周边地区粮食产量的提高。

综上所述，一个地区的粮食生产不仅受到本地区农业机械化水平的影响，还与其他地区的农业机械化水平密切相关，即农业机械化水平对粮食产量具有直接效应和空间溢出效应。

2. 农机跨区作业距离的变化

农机购置补贴政策的出台，极大地激发了农户的购机热情，各地区农机保有量稳步增长，跨区作业市场竞争日益激烈。日渐充足的农机服务提高了各地区的粮食生产效率，缩小了作业时间差，农机跨区作业的市场半径因此不断缩小。对于农机跨区作业来说,跨区距离越远,农机服务组织的损耗成本和机会成本越大。

在农机跨区作业发展初期,各地区农机保有量存在地区差异,农业机械化水平低的地区对农机服务的需求旺盛,而本地区内农机作业服务发展不充分,无法满足市场需求,因此需要从其他地区引进农机作业服务,这时农机跨区作业属于卖方市场,农机跨区作业的市场半径大,基本是以跨越省级行政区域的长途农机作业为主。

随着跨区作业规模的逐步扩大、市场竞争的加剧,单机作业量不断减少,农机手的综合效益逐渐递减,农机跨区作业进入买方市场。此时为了降低运输成本、增加收益,农机手将缩短跨区的距离,形成在一定区域内的跨区作业模式,即以跨越县级行政区域的短途和中距离农机作业为主、长途为辅的模式。农机跨区作业的距离过远,而单机作业量过少,则会增加空机具转移距离,加快转移频率,再加上不断上涨的油价、人力成本和交易成本,农机跨区作业的成本比较优势将会消失。

农业机械化水平较高的地区,通过农机跨区作业服务,将这种机械投入的要素禀赋优势传递到其他地区,形成空间溢出效应,这种影响会随着地理距离的增加而逐渐减弱。农机跨区作业距离缩小后,对其周边地区的空间溢出效应也相应减弱。

3. 门槛效应

公路基础设施是农机跨区作业的前提条件,农业机械能从一个地区转移到其他地区作业,依靠的是发达的公路交通。在农机跨区作业的发展初期,跨越的区域只限于省内,之后才是从北方地区扩展到南方地区,最后覆盖到全国各地,其发展的时间脉络正好同交通基础设施建设的时间脉络吻合。再从具体的地区来看,作为中国最早开始进行农机跨区作业的地区之一的江苏省徐州市沛县(杨进 等,2013)①,就拥有四通八达的公路交通网络,能有效连接苏北、鲁南、豫东、皖北地区。再如,农业机械化水平的提高受益于农机跨区作业影响的湖北省中部地区,位于107、207、316和318国道旁,公路交通四通八达(罗斯炫 等,2018)②。公路交通基础设施的建设和完善,能提升地区之间的通达性,加强各地区之间的相关性和互动性。另外,发达的公路交通基础设施

---

① 杨进,郭松,张晓波. 农机跨区作业发展:以江苏沛县为例 [J]. 中国农机化学报,2013,34 (2):14-19.

② 罗斯炫,何可,张俊飚. 修路能否促进农业增长?:基于农机跨区作业视角的分析 [J]. 中国农村经济,2018 (6):67-83.

能降低运输成本，有利于提高农机跨区作业中农机具的转移效率，从而推动农机跨区作业范围的进一步扩大。

本地区公路交通基础设施建设水平决定农机跨区作业是否能够"走出去"，而其他地区的公路交通基础设施建设水平则决定农机跨区作业能够"走多远"。随着公路交通基础设施的不断完善，农机跨区作业的"足迹"不断延伸。但在此过程中，随着公路交通基础设施建设和完善的程度不断加深而出现一个或多个"转折点"，即门槛值；公路交通基础设施在门槛值前后对农机跨区作业的影响强度发生变化，进而影响到对粮食产量的空间溢出效应。因此，公路基础设施建设可能在农机跨区作业对粮食产量的空间溢出效应中具有门槛效应。

6.1.2 研究假说

根据以上的机理分析得到本章的逻辑思维图（见图6-1），并据此提出本章的研究假说：

$H_{6.1}$：农业机械化水平的提升不仅能显著提高本地区的粮食产量，还能提高邻近地区的粮食产量。

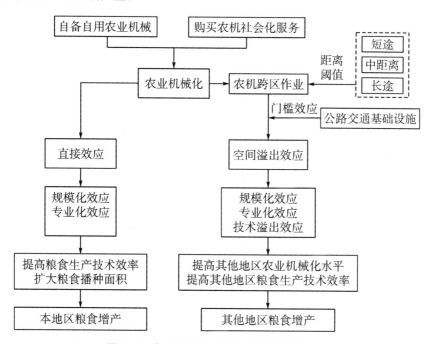

图6-1 农业机械化对粮食产量的影响机理

$H_{6.2}$：农业机械化水平对粮食产量的空间溢出效应随距离的变化出现显著差异。

$H_{6.3}$：公路交通基础设施在农业机械化水平对粮食产出的空间溢出效应中存在门槛作用。

6.2　研究方法

6.2.1　空间集聚与分异

现实世界的现象不太可能以随机的方式发生，通常以空间结构化的方式发生。一般来说，空间集聚是指具有某一属性的地理事物在特定的地理空间上表现出来的集聚特征；而空间分异则是相对于空间集聚而言呈现出分异现象（王劲峰 等，2010）[①]。克鲁格曼（1991）[②] 认为，在假设规模收益递增、不完全竞争和存在运输成本的前提下，经济活动的空间集聚能带来规模效应，有助于降低生产成本和运输成本。粮食生产集聚通过集聚效应发挥规模效应，在保证粮食生产效率的基础上，进一步降低了粮食生产成本。空间高度集聚过程中，知识、技术和人力资本等生产要素会带来溢出效应和集聚效应（高苇 等，2020）[③]，粮食生产集聚带来粮食生产要素的集聚，其中农业机械化集聚发展将对粮食生产带来空间溢出效应。

现有文献对空间集聚和分异的测度方法有多种，主要包括区位熵、空间基尼系数、地区平均集中率、Moran's I 指数等。鉴于粮食作物特点和数据可获取性，本研究选用全局 Moran's I 指数和局部 Moran's I 指数来剖析农业机械化水平、粮食生产的空间集聚及分异特征。全局 Moran's I 指数可用以分析空间单位的属性值是否存在集聚现象；局部 Moran's I 指数可以用来刻画局域空间单位的属性值的分布特征，特别是分析聚集所发生的位置。

全局 Moran's I 指数的计算公式为：

---

① 王劲峰，廖一兰，刘鑫. 空间数据分析教程 [M]. 北京：科学出版社，2010.

② KRUGMAN P R. Geography and trade [M]. London：Cambridge Massachusetts Press，1991.

③ 高苇，李永盛，李小帆. 空间集聚能否提高城市生产率?：基于长江经济带动态空间面板模型的分析 [J]. 中国地质大学学报（社会科学版），2020，20（2）：135-148.

$$I = \frac{\sum\limits_{i=1}^{n}\sum\limits_{j=1}^{n} W_{ij}(Y_i - \bar{Y})(Y_j - Y)}{S^2 \sum\limits_{i=1}^{n}\sum\limits_{j=1}^{n} W_{ij}} \tag{6-1}$$

其中，$S^2 = \dfrac{1}{n}\sum\limits_{i=1}^{n}(Y_i - \bar{Y})^2$，$\bar{Y} = \dfrac{1}{n}\sum\limits_{i=1}^{n} Y_i$，即 S^2、$\bar{Y}$ 分别为观测值的样本方差和样本均值；W_{ij} 为空间权重矩阵 W 中的 (i, j) 元；Y_i、Y_j 为位置 i 和 j 空间单元的属性值。

局部 Moran's I 指数的计算公式为：

$$I_i = \frac{(Y_i - \bar{Y})}{S^2}\sum_j W_{ij}(Y_j - \bar{Y}) \tag{6-2}$$

其中，I_i 为观测单元 i 的 Moran's I 指数，其他指标含义同（6-1）式。

6.2.2 空间计量模型

在传统的回归分析中较少考虑地理事物之间的空间依赖关系，但这一关系对地理事物之间的影响却不小。尤其是跨区作业这一新型农机服务模式的兴起，将本地区先进的农业机械技术推广到其他地区，带来了农业机械化水平在空间上的外溢表现，如果忽视农业机械化水平的空间溢出效应，可能会低估农业机械对粮食生产的贡献。因此本章结合影响粮食产量变化的因素，使用空间计量模型来研究农业机械化水平对粮食产量的直接影响和空间溢出效应。

为了更好地进行空间计量估计，首先应进行空间效应的检验。表6-1中粮食产量的 Moran's I 值为 267.100，显著为正，说明存在空间效应，一般的最小二乘估计是有偏的，应设置空间面板模型。然后进行 LM 检验和稳健 LM 检验，表6-1中检验结果均拒绝了原假设，表明应选择空间面板杜宾模型。其次，进行 LR 检验，拒绝原假设，空间面板杜宾模型是适合的。再次，进行 Hausman 检验。经计算在时间和个体双固定模式下的 Hausman 检验统计量值为 1 603.89，故拒绝随机效应的原假设，空间面板杜宾模型选择双固定模型是最合适的。最后，进行 Wald 检验。Wald 统计量值为 439.65，拒绝原假设，空间计量模型中空间面板杜宾模型是最佳选择。

表 6-1 模型选择诊断

检验	统计量	系数
Spatial error	Moran's I	267.100***

表6-1(续)

检验	统计量	系数
	LM	9 135. 596 ***
	Robust_LM	9 362. 757 ***
Spatial lag	LM	127. 313 ***
	Robust_LM	354. 475 ***

注: *、**、***分别表示在10%、5%、1%水平上显著。

综上,本章设立个体、时间双固定的静态空间杜宾模型:

$$\ln yield_{it} = \beta_0 + \beta_1 \ln machine_{it} + \beta_2 \ln area_{it} + \beta_3 \ln labor_{it} + \beta_4 \ln fertilizer_{it} +$$

$$\gamma \sum_{j=1}^{n} W_{ij} yield_{jt} + \delta \sum_{j=1}^{n} W_{ij} \ln machine_{jt} + \mu_i + v_t + \varepsilon_{it} \qquad (6-3)$$

(6-3)式中,$yield_{it}$为被解释变量,表示i地区在t年的粮食产量;$machine_{it}$为核心解释变量,表示i地区在t年的农业机械总动力值。从影响粮食产量的主要因素出发选择控制变量,用$area_{it}$、$labor_{it}$、$fertilizer_{it}$分别代表地区i在t年的土地、劳动力和化肥投入[1]。$W_{ij} yield_{jt}$和$W_{ij} machine_{jt}$分别表示粮食产量和农业机械总动力的空间滞后变量,由变量和空间权重矩阵相乘得到。μ_i和v_t表示模型中的地区和时间效应,ε_{it}表示模型中的随机误差项。为了减弱样本数据的异方差性,对所有变量进行对数处理。

为了进一步比较分析农业机械化对粮食产量的长期影响和短期影响,本章节增加动态空间面板杜宾模型。另外,由于粮食生产和农业机械化发展都是一个动态过程,农户在进行粮食生产决策时会受到前期生产投入要素的影响,使得粮食生产具有粘滞性。因此,在进行空间计量分析时应考虑生产要素的空间集聚对粮食产量的时间滞后效应影响,需要在静态模型(6-3)基础上引入粮食产量滞后项构建动态空间杜宾模型来反映和解决这一问题。个体、时间双固定的动态空间杜宾模型:

$$\ln yield_{it} = \beta_0 + \tau \ln yield_{i,\ t-1} + \beta_1 \ln machine_{it} + \beta_2 \ln area_{it} + \beta_3 \ln labor_{it} +$$

$$\beta_4 \ln fertilizer_{it} + \gamma \sum_{j=1}^{n} W_{ij} yield_{jt} + \delta \sum_{j=1}^{n} W_{ij} \ln machine_{jt} + \mu_i +$$

$$v_t + \varepsilon_{it} \qquad (6-4)$$

(6-4)式中,$yield_{i,\ t-1}$表示粮食产量的一期滞后(动态项),其他变量含

---

① 变量设置的原因分析见下文6.4.2节。

义与模型（6-3）相同。

6.2.3 空间权重矩阵设定

在本章中，空间计量分析部分采用了基于经济距离的权重矩阵 $W_{n \times n}$：

$$W_{n \times n} = \begin{pmatrix} W_{11} & \cdots & W_{1n} \\ \vdots & \ddots & \vdots \\ W_{n1} & \cdots & W_{nn} \end{pmatrix} \qquad (6-5)$$

（6-5）式是 N 阶对称矩阵，$i = 1, 2, \cdots, n$，表示研究所包括的 280 个地市州样本数，对角线上元素 $W_{ii} = 0$，$W_{ij} = W_{ji}$，W_{ij}（$i \neq j$）表示两个地区之间通行时间的倒数，通行时间的计算是使用百度地图查询到的两地行车时间[①]（精确到分）。传统的空间权重矩阵以邻接性或空间距离函数来确定，忽视了数字距离相同但交通运输条件不同导致的通行时间差异，估计结果可能存在一定的偏误。开展跨区作业的农业机械主要通过公路转移，公路基础设施的通达性将直接影响农机跨区作业范围。因此，以交通时间距离衡量空间单位间的相互依赖性比单纯采用区域间的欧式直线距离更接近实际情况，得到的空间计量分析结果也更加准确（雷丁 等，2004）[②]。

假设用 $t(i, j)$ 表示 i 地到 j 地使用汽车出行所需最短时间，则 $t(i, j)$ 越小表示两地之间的通行时间越短；反之则越长。空间权重矩阵元素计算公式为：

$$W_{ij} = \frac{1}{t(i, j)} \qquad (6-6)$$

伴随地理距离的不断增加，两个事物之间的关联也将不断减少，直至为零（吕韬 等，2010）[③]。由于运输费用或交易费用的不断上涨，跨区作业的距离发生了结构性变化，从 2015 年以前的从南到北长途跨区作业到近几年的长途、中距离和短途三种跨区作业合理搭配，交通距离成为影响农机跨区作业的重要因素。随着通行时间延长，农机跨区作业在行进的过程中的运输成本和不可控因素均会增加。因此，农业机械化发展的空间溢出效应会随着距离的增加不断减弱，并递减为零。为了进一步确定农业机械化的空间溢出效应的空间辐射范围，对空间权重矩阵做"截集"处理，即假定地区之间只有在一定范围内才

---

① 汽车出行策略中选择的是尽量避免堵塞路段。

② REDDING S, VENABLES A J. Economic geography and international inequality [J]. Anthony venables, 2004, 62（1）：53-82.

③ 吕韬，曹有挥."时空接近"空间自相关模型构建及其应用：以长三角区域经济差异分析为例 [J]. 地理研究，2010，29（2）：351-360.

会有影响，超过了该阈值的影响为零，具体权重矩阵计算公式为：

$$W_{2ij} = \begin{cases} 0, & 如果\ t(i,\ j) > 180 \\ \dfrac{1}{t(i,\ j)}, & 如果\ t(i,\ j) \leqslant 180 \end{cases} \qquad (6-7)$$

$$W_{3ij} = \begin{cases} 0, & 如果\ t(i,\ j) > 360 \\ \dfrac{1}{t(i,\ j)}, & 如果\ t(i,\ j) \leqslant 360 \end{cases} \qquad (6-8)$$

$$W_{4ij} = \begin{cases} 0, & 如果\ t(i,\ j) > 720 \\ \dfrac{1}{t(i,\ j)}, & 如果\ t(i,\ j) \leqslant 720 \end{cases} \qquad (6-9)$$

（6-7）式、（6-8）式和（6-9）式中，分别选择两地通行时间为 180 分钟、360 分钟和 720 分钟作为距离阈值对空间面板杜宾模型进行分析，并用 W_2、W_3 和 W_4 表示。伍骏骞等（2017）[1] 的研究结果证实农业机械化水平对粮食产量的空间溢出效应的通行时间距离大概在"一天之内"（1 440 分钟）。方师乐等（2017）[2] 的研究进一步表明，农业机械化水平对粮食产量的空间溢出效应辐射到"半天之内"（720 分钟）的区域占了一半以上。随着农机跨区作业距离的变化，农机空间溢出效应的辐射范围也在调整。为了实证空间溢出效应新的辐射范围，本章在现有研究结论基础上，选择三个距离阈值表征农机跨区作业的不同模式。用通行时间在"三个小时之内"（180 分钟）表征农机短途跨区作业[3]；用通行时间在"六个小时之内"（360 分钟）表征农机中距离跨区作业；用通行时间在"半天之内"（720 分钟）表征农机长途跨区作业。

6.2.4　门槛效应检验的计量模型

面板门槛回归模型用来研究解释变量和被解释变量之间的非线性关系，其通过设定专门的门槛变量构建分段函数得以实现。本章借鉴汉森（1999）[4] 提出的面板门槛模型来研究公路交通基础设施在农业机械化水平对粮食产量的空间溢出效应中的门槛效应。为分析农机跨区作业对粮食产量的非线性影响，本

---

① 伍骏骞，方师乐，李谷成，等. 中国农业机械化水平对粮食产量的空间溢出效应分析：基于跨区作业的视角 [J]. 中国农村经济，2017（6）：44-57.

② 方师乐，卫龙宝，伍骏骞. 农业机械化的空间溢出效应及其分布规律：农机跨区服务的视角 [J]. 管理世界，2017（11）：65-78，187-188.

③ 由于我国各省会内部城市之间的通行时间平均为 203.85 分钟，所以选择通行时间为 180 分钟代表跨地级市之间的短途作业模型。

④ HANSEN B E. Threshold effects in non-dynamic panels: estimation, testing, and inference [J]. Journal of econometrics, 1999, 93（2）：345-368.

章构建双重门槛模型。具体模型如下：

$$\ln \text{yield}_{it} = \beta_0 + \beta_1 \ln \text{machine}_{it} + \beta_2 \ln \text{area}_{it} + \beta_3 \ln \text{labor}_{it} + \beta_4 \ln \text{fertilizer}_{it} +$$

$$\alpha_1 \sum_{j=1}^{n} W_{ij} \ln \text{machine}_{jt} I\left(\text{highway}_{it} + \sum_{j=1}^{n} W_{ij} \text{highway}_{jt} \leq \gamma_1\right) +$$

$$\alpha_2 \sum_{j=1}^{n} W_{ij} \ln \text{machine}_{jt} I\left(\gamma_1 \leq \text{highway}_{it} + \sum_{j=1}^{n} W_{ij} \text{highway}_{jt} \leq \gamma_2\right) +$$

$$\alpha_3 \sum_{j=1}^{n} W_{ij} \ln \text{machine}_{jt} I\left(\text{highway}_{it} + \sum_{j=1}^{n} W_{ij} \text{highway}_{jt} > \gamma_2\right) +$$

$$\mu_i + v_t + \varepsilon_{it} \tag{6-10}$$

（6-10）式中，$\ln \text{machine}_{it}$ 表示本地区农业机械化水平对本地区粮食产量的影响；$\sum_{j=1}^{n} W_{ij} \ln \text{machine}_{jt}$ 表示本地区之外其他地区农业机械总动力水平对本地区粮食产量的影响，是前一检验中农业机械总动力的空间滞后项，是以交通距离为空间权重矩阵计算得到，代表农业机械化水平的空间溢出效应。为研究公路交通基础设施在农业机械化水平对粮食产量空间溢出效应的门槛效应，将 $\sum_{j=1}^{n} W_{ij} \ln \text{machine}_{jt}$ 设置为门槛解释变量。$\sum_{j=1}^{n} W_{ij} \text{highway}_{jt}$ 表示门槛变量，具体指公路密度（本地区公路密度+其他地区公路密度空间滞后项）。γ 为门槛值；α 为门槛效应，表示当门槛变量小于 γ_1、介于 γ_1 和 γ_2 之间或大于 γ_2 时，核心解释变量对被解释变量的估计系数。其他变量的含义同（6-3）式。

6.3 数据、变量与描述性统计

6.3.1 数据来源

本章实证分析的主要被解释变量是市级层面的粮食产量，该数据和其他地市级变量，包括农业机械总动力、粮食播种面积、劳动力、化肥施用量、公路里程和农村用电量等数据来源于各省份统计年鉴、各省份统计资料汇编、各省份国民经济和社会发展统计公报、各地市级统计年鉴、《中国区域经济统计年鉴》和《中国城市统计年鉴》。少量缺失数据采用相应年份的省级数据增长率（下降率）测算补齐。共有 18 个省和 3 个自治区所辖的 280 个地市州样本[①]；

---

① 具体省份包括河北、山西、内蒙古、辽宁、吉林、黑龙江、江苏、浙江、安徽、山东、河南、湖北、湖南、广东、广西、四川、贵州、陕西、甘肃、青海和新疆。北京、天津、上海和重庆4个直辖市以及宁夏、福建、江西、云南、海南、西藏和港澳台地区以及广东深圳市、湖南湘西州、河南济源市的部分指标数据缺失严重，故未包含上述地区数据。

时间范围为 2000—2018 年。这里时间跨度的选择主要出于两个方面的考虑：一方面中国大规模的农机跨区作业是在进入 21 世纪后才开始出现的，另一方面地级市数据在 2000 年以后缺失较少，因此以 2000 年作为样本起始年份开展研究。

从数据的可获得性和适用性角度出发，对相应缺失指标进行替代处理。

第一，关于农林牧渔业从业人员数据。黑龙江、山东和云南省各地市州的农林牧渔业从业人员数据缺失，选择乡村从业人员数据替代；安徽、广东和青海省各地市州的农林牧渔业从业人员数据缺失，选择第一产业就业人数数据替代；贵州省各地市州的农林牧渔业从业人员数据缺失，选择农业从业人员数据替代。

第二，关于农业总产值和农林牧渔业总产值数据。2003—2012 年河南省各地市州的农业总产值和农林牧渔总产值数据缺失，选择农业增加值和农林牧渔业增加值替代。

第三，关于化肥施用折纯量数据。吉林省各地市州的化肥施用折纯量数据缺失，本章以化肥施用实物量数据为基础，按照省级数据折算比例进行换算。

第四，关于公路里程数据。西藏自治区的昌都市、山南市、日喀则市和阿里地区 2012—2018 年数据缺失，以西藏地区公路里程总数年均增长率为基础，乘以 2011 年数据补齐缺失数据。青海省的海北州、黄南州、海南州、果洛州、玉树州和海西州 2014—2016 年数据缺失，以青海省公路里程总数年均增长率为基础，乘以 2013 年数据补齐缺失数据。2014—2018 年新疆维吾尔自治区部分地级市的公里里程数据缺失，以新疆地区公路里程总数年均增长率为基础，乘以 2013 年数据补齐缺失数据。

6.3.2 变量设置

本研究的被解释变量是粮食产出。在粮食生产过程中，生产要素投入的改变和种植结构的调整对粮食生产带来的最直观的影响体现在粮食产量上，因此选择粮食产量（yield）表征粮食产出。核心解释变量为农业机械化水平，用农业机械动力值反映一个地区的农业机械化水平。由于无法从现有统计年鉴中获取专门用于粮食生产的农业机械动力数据，因此现有的主流文献的处理方法是从现有的农业机械总动力数据中提取专门用于粮食生产的农业机械动力值

（伍骏骞 等，2017①；方师乐 等，2017②；罗斯炫 等，2018③）。农业机械总动力涵盖了农业生产中所使用的全部机械及设备，其中也包含粮食生产过程中使用的农业机械动力，两者高度相关，用前者替代后者是可行的。因此，本章用处理后的农业机械总动力（machine）表征农业机械化水平④。

空间溢出效应模型中的控制变量为影响粮食产出的主要因素，具体包括粮食播种面积（area）、就业人员（labor）、化肥施用折纯量（fertilizer）。在统计年鉴中，农业劳动力、农业机械和化肥使用量数据均未细分出粮食生产所需具体数据，实际生产中由于家庭农业生产活动的多样性，此类数据的划分也较困难，因此本章参考现有主流文献的做法，对数据进行如下处理：粮食生产农业机械总动力＝农业机械总动力×（农业总产值/农林牧渔业总产值）；粮食生产从业人员＝农林牧渔业从业人员数×（农业总产值/农林牧渔业总产值）；粮食生产化肥施用折纯量＝化肥施用折纯量×（农业总产值/农林牧渔业总产值）。

门槛效应模型中的门槛解释变量为农业机械总动力的空间滞后项，门槛变量为公路密度（highway）。公路密度能直观反映一个地区公路发展水平情况，是衡量公路交通基础设施建设水平的重要指标。公路密度的具体计算公式为：各地市州公路里程（km）/各地市州土地面积（km²）。

6.3.3 描述性统计分析

各变量的描述性统计分析如表6-2所示。从表中可以看到，各变量的观测值均为5 320个，为平稳的面板数据。280个地市州的粮食产量均值为182.313万吨，是所列变量中标准差最大的一个，标准差为180.377，说明中国各地级市的粮食产出同平均值之间的差异较大。农业机械总动力的均值为143.672万千瓦，标准差为156.863，仅小于粮食产量的标准差，说明中国各地级市的农业机械总动力同平均值之间的差异也较大。粮食播种面积的均值为33.744万公顷，标准差为47.257。粮食生产从业人员的均值为51.495万人，标准差为47.698。化肥施用折纯量的均值为8.974万吨，标准差为9.099。公路密度的均值为0.754千米/平方千米，标准差为0.531。此处公路密度的标准差最小并

① 伍骏骞，方师乐，李谷成，等.中国农业机械化水平对粮食产量的空间溢出效应分析：基于跨区作业的视角 [J].中国农村经济，2017 (6)：44-57.
② 方师乐，卫龙宝，伍骏骞.农业机械化的空间溢出效应及其分布规律：农机跨区服务的视角 [J].管理世界，2017 (11)：65-78，187-188.
③ 罗斯炫，何可，张俊飚.修路能否促进农业增长？：基于农机跨区作业视角的分析 [J].中国农村经济，2018 (6)：67-83.
④ 指标选取理由同第4章。

不能说中国各地级市之间的公路交通基础设施建设水平差异小，从公路密度的计算公式可以看到，公路密度属于一个比值指标，公路里程总数经过土地面积的平均后，呈现出来的很小差异却需要公路交通基础设施建设水平的很大改善。

表6-2　各变量的描述性统计

变量名称	观测值	均值	标准差	最小值	最大值
粮食产量（万吨）	5 320	182.313	180.377	0.056	1 735.005
农业机械总动力（万千瓦）	5 320	143.672	156.863	0.138	1 123.537
粮食播种面积（万公顷）	5 320	33.744	47.257	0.020	2 733.400
粮食生产从业人员（万人）	5 320	51.495	47.698	0.008	402.684
化肥施用折纯量（万吨）	5 320	8.974	9.099	0.000	154.828
公路密度（千米/平方千米）	5 320	0.754	0.531	0.002	2.458

注：表中农业机械总动力、粮食生产从业人员和化肥施用折纯量均是经过处理后的指标。

另外，表6-2中化肥施用折纯量的最小值出现零值，此处的零值并不代表该地区没有施用化肥，而是由于该地区施用的化肥总量较小（也可能是该地区面积小导致施用化肥的总量少），不足万吨，而在以万吨为计量单位的情况下便出现零值现象。

6.4　计量结果分析

6.4.1　空间溢出效应回归分析

1. 空间自相关分析

本研究首先使用全局 Moran's I 指数进行空间相关性分析。对 2000—2018 年中国各地市州粮食产量和农业机械总动力的空间全局 Moran's I 指数分别进行计算，并记录下全局 Moran's I 指数的显著水平，结果如图 6-2 所示。从图中可知，粮食产量和农业机械总动力的全局 Moran's I 指数是非零值，且都大于零，说明粮食产量和农业机械总动力具有较为明显的空间正向相关性，且在全局范围内具有较强的空间集聚效应。因此，在研究农业机械化水平对粮食产量的影响中，考虑空间溢出性是非常必要的。从 2000 年到 2018 年，农业机械总动力的全局 Moran's I 指数逐步降低，在 2017 年低于粮食产量的全局 Moran's I

指数，说明中国 280 个地级市间农业机械总动力的空间影响力在下降，这同 2014—2018 年中国农机跨区作业面积不断下降的现实相吻合。可以看到，粮食产量的全局 Moran's I 指数呈现不断上升的趋势，2008—2018 年的全局 Moran's I 指数均在 0.10 左右波动，说明中国 280 个地级市间粮食产量的空间影响力较稳定。

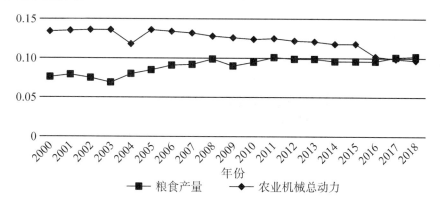

图 6-2　2000—2018 年中国 280 个地市州粮食产量和农业机械总动力的
全局 Moran's I 指数①

　　但是全局 Moran's I 指数只能反映粮食产量和农业机械总动力各自存在一定的空间集聚现象，并不能反映农业机械化水平与粮食产量之间的因果关系，还应观察两者的 Moran's I 散点图是否相似。囿于篇幅限制，本章以 2018 年中国粮食产量和农业机械总动力数据为基础绘制 Moran's I 散点图，如图 6-3 和图 6-4 所示。两个图中每个圆圈代表一个地区，横坐标为标准化后的变量数值，纵坐标为标准化后的局部 Moran's I 值，斜线为各散点的拟合直线②。从两图中可以看到，四个象限均有散点分布，并以第一、三象限为主，说明粮食产量和农业机械总动力水平相似的地区存在空间集聚现象。粮食产量的 Moran's I 散点图和农业机械总动力的 Moran's I 散点图极为相似，拟合线为正说明两类指标均存在一定程度的空间正自相关性，同图 6-2 中的结论吻合。第一象限属于高-高（H-H）类型，该象限内各地市州农业机械化水平相对较高，并对邻近地市州的粮食生产起到辐射带动作用，该集聚区表现出较为明显的扩散效应。第三象限属于低-低（L-L）类型，该象限内各地市州由于地域环境因素或者经济条件因素粮食生产能力和农业机械化水平相对较低，其周边地区的环

①　1% 显著性水平。
②　散点图划分的四个象限的具体含义已在 4.3.2 节中阐释，此处不再赘述。

境也较为相似，粮食生产和农业机械化水平较低。位于第二象限的地区也较多，表现出低-高（L-H）的空间自相关关系，该地市州内粮食生产和农业机械化水平相对较低，但其相邻地区发展水平相对较高。位于第四象限的数目最少，表现出高-低（H-L）的空间自相关关系，该地市州内粮食生产能力和农业机械化水平相对较高，但其邻近地区发展水平较低，表现出明显的极化效应。

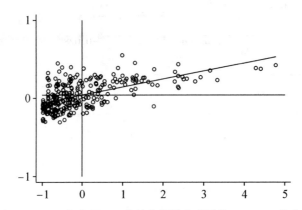

图6-3　2018年中国280个地市州粮食产量的Moran's I散点图

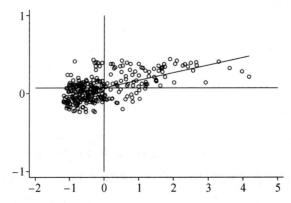

图6-4　2018年中国280个地市州农业机械总动力的Moran's I散点图

2. 空间面板模型估计结果

以上空间自相关检验结果表明粮食产量和农业机械总动力呈现一定的空间溢出效应特征，接下来将采用（6-3）式和（6-4）式空间面板杜宾模型实证分析在考虑空间自相关情况下2000—2018年中国农业机械化水平对粮食产量的影响。在估计空间面板杜宾模型过程中，由于解释变量中包括被解释变量的滞后项，不适用极大似然估计方法，所以应选择准最大似然估计法（李 等，2010）①。另外，有必要构建非空间双重固定效应模型同空间面板模型进行比较，从而检验空间面板模型设置的必要性。表6-3中列出了非空间双重固定效应模型、静态空间面板杜宾模型和动态空间面板杜宾模型的回归结果。

表6-3　空间计量模型回归结果

变量	非空间双重固定效应模型	静态空间面板 杜宾模型	动态空间面板 杜宾模型
lnmachine	0.108***	−0.028***	0.024**
	(0.008)	(0.011)	(0.009)
lnarea	0.695***	0.609***	0.331***
	(0.011)	(0.009)	(0.010)
lnlabor	−0.080***	0.071***	0.046***
	(0.011)	(0.013)	(0.011)
lnfertilizer	0.099***	0.056***	0.034***
	(0.010)	(0.009)	(0.007)
L.lnyield			0.469***
			(0.011)
L.Wlnyield			−1.915***
			(0.049)
_cons	2.206***		
	(0.051)		
$W*$lnmachine	0.139***	−0.194***	
	(0.053)	(0.048)	
rho		0.948***	2.694***
		(0.012)	(0.027)
sigma^2_e		0.020***	0.014***
		(0.000)	(0.000)
R^2	0.605	0.514	0.882
N	5 320	5 320	5 040

注：*、**、***分别表示在10%、5%、1%水平上显著。

从表6-3中可以看到，在非空间双重固定效应模型和动态空间面板杜宾模型下，农业机械化水平对粮食产量的影响系数显著为正，即在控制其他条件并保持不变时，农业机械化水平提升会显著提升本地粮食产量。但是非空间双

---

① LEE L F, YU J H. A spatial dynamic panel data model with both time and individual effects [J]. Econometric theory, 2010, 26（2）: 564-597.

重固定效应模型回归估计结果为 0.108，明显大于动态空间面板杜宾模型估计结果 0.024，说明在不考虑不同地区之间空间自相关性的情况下，模型会高估农业机械化水平提升对本地粮食的增产效应。由于忽视了农业机械化水平对粮食产量的空间溢出效应，这最终使得农业机械化发展带来的总效应被低估。

在表 6-3 静态和动态空间面板杜宾模型的回归结果中，用来检验农业机械总动力对粮食产量空间效应的空间滞后系数 rho 均通过了 1% 显著性水平检验，说明在控制了影响粮食产量的主要影响因素后，周边地区粮食产量的增长会带来本地粮食产量的提升。与静态空间面板杜宾模型中仅包含农业机械化水平的空间滞后项相比，动态空间面板杜宾模型不仅包含农业机械化水平的空间滞后项，还包括粮食产量的时间滞后项，估计结果明显优于静态空间面板杜宾模型。表 6-3 的回归结果也证实了这一事实，相比静态空间面板杜宾模型，动态空间面板杜宾模型的拟合优度 R^2 更高，表征空间效应的空间滞后系数 rho 也更大，动态空间面板杜宾模型具有更强的解释力。因此，本章主要参考动态空间面板杜宾模型的估计结果进行计量分析。

动态空间面板杜宾模型中粮食产量滞后一期的参数估计显著为正，说明粮食生产具有时间惯性，上一期粮食生产结果会对当期粮食生产产生影响，进一步说明选择动态空间面板杜宾模型更适宜。需要说明的是，由于空间杜宾模型方法并不是简单的线性回归，模型中不仅包括了被解释变量，还包括了被解释变量滞后一期的空间滞后项，所以最终得到的估计系数并不能直接反映空间溢出效应的大小。勒萨热和佩斯（2009）[1] 指出，完全依据空间面板杜宾模型或动态空间面板杜宾模型的结果来分析空间溢出效应的话，可能会产生错误的结论。需要对估计结果进行偏微分方法处理，从而得到估计的直接效应和间接效应（埃尔霍斯特，2014）[2]。表 6-3 是由 STATA 命令直接得到直接效应和间接效应。另外，动态空间面板杜宾模型中的直接效应和间接效应可以进一步分解从而得到短期效应和长期效应。表 6-4 中列出了动态空间杜宾模型中分解得到的农业机械总动力对粮食产量的短期和长期直接效应、间接效应和总效应数值。

---

① LESAGE J P, PACE R K. Introduction to spatial econometrics [M]. London：CRC Press, 2009.

② ELHORST J P. Matlab software for spatial panels [J]. International regional science review, 2014, 37 (3)：389-405.

表6-4　农业机械化水平对粮食产量的短期和长期直接效应和间接效应估计

变量	短期			长期		
	直接效应	间接效应	总效应	直接效应	间接效应	总效应
lnmachine	0.024 ***	0.078 ***	0.102 ***	0.048 ***	0.658 ***	0.706 ***
	(0.009)	(0.025)	(0.027)	(0.017)	(0.200)	(0.204)
lnarea	0.334 ***	-0.529 ***	-0.195 ***	0.619 ***	-1.970 ***	-1.351 ***
	(0.011)	(0.016)	(0.007)	(0.018)	(0.164)	(0.158)
lnlabor	0.046 ***	-0.074 ***	-0.027 ***	0.086 ***	-0.274 ***	-0.188 ***
	(0.011)	(0.017)	(0.006)	(0.020)	(0.070)	(0.052)
lnfertilizer	0.035 ***	-0.055 ***	-0.020 ***	0.065 ***	-0.205 ***	-0.141 ***
	(0.008)	(0.012)	(0.004)	(0.014)	(0.045)	(0.033)

注：*、**、*** 分别表示在10%、5%、1%水平上显著。

在表6-4中，从长期效应来看，农业机械化水平对本地区和其他地区的粮食产量的影响系数显著为正；从短期效应来看，农业机械化水平对本地区和其他地区粮食产量的影响系数也显著为正。这说明农业机械化水平的提高不仅能促进本地区粮食产量的增加，还对邻近其他地区粮食产量产生明显的空间溢出效应。而且从分解值来看，间接效应结果明显大于直接效应，说明中国农机对粮食产出的空间溢出效应大于直接影响，突出了本章的研究意义。另外，农业机械化水平对粮食产量的长期效应结果明显大于短期效应，说明随着时间的推移，农业机械化水平对粮食产量的影响程度更大、效果更明显。依托农机跨区作业的农机社会化服务模式，农业机械可以根据具体用途分为机耕、机播、机收等，与其他生产要素相比分工更明确，通过细分用途的农业机械配合粮食生产的各个环节，可以提升粮食的精细化生产。基于农机设备专业化分工的特征，可以为农户提供丰富的农机作业服务，同时促进机械制造的发展，从而带来规模经济效应。

在各控制变量中，粮食播种面积增加有利于提高本地区的粮食产量，但会对周边地区粮食产出带来明显的抑制作用。本地区粮食播种面积的提高可能会向周边地区传递粮食供给充足的信号，从而影响周边地区农作物种植结构调整。劳动力供给数量增加有利于本地区粮食产量的提升，但对周边地区会产生负向空间溢出效应。本地区劳动力数量的增长有可能是周边地区劳动力的减少导致的，从而影响周边地区的粮食产出。化肥施用量对本地区粮食产量具有显著的促进作用，但对周边地区也产生了负向空间溢出效应，其原理同粮食播种面积类似，即本地区粮食产量充足，从而使得周边地区减少粮食产出。

6.4.2 空间溢出效应距离阈值分析

空间溢出效应对空间格局具有明显的作用，距离的远近会影响主体之间的空间关系，距离越远，影响越小。那么农业机械化水平对粮食产量的空间溢出效应的辐射范围到底有多大呢？为了解决这一问题，本章以（6-7）式、（6-8）式和（6-9）式中确定的不同通行时间下的空间权重矩阵为基础，进行空间溢出效应距离阈值分析。

图 6-5 和图 6-6 显示了不同空间权重矩阵下粮食产量和农业机械总动力的全局 Moran's I 指数，W_1 指按照两地通行时间的倒数设置的空间权重矩阵；W_2 表示通行时间在"三个小时之内"（180 分钟）的空间权重矩阵；W_3 表示通行时间在"六个小时之内"（360 分钟）的空间权重矩阵；W_4 表示通行时间在"半天之内"（720 分钟）的空间权重矩阵。从图中可以看到，距离阈值越大，粮食产量和农业机械总动力的空间集聚效应越明显。表 6-5 显示了不同距离阈值下的空间溢出效应回归结果。首先，从空间面板杜宾模型的空间自相关系数 rho 值来看，在不同的时间段和不同的空间权重矩阵中均大于 0，在 1%的水平下显著，中国农业机械化水平对粮食产量存在明显的空间溢出效应，即本地区和相邻地区农业机械化水平会在一定水平上影响该地区的粮食产出水平。这进一步说明了空间溢出效应是研究农业机械化水平对粮食产量的影响问题中不可忽视的重要因素。

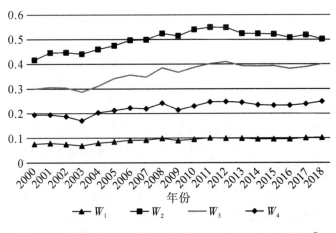

图 6-5 不同空间权重矩阵下粮食产量全局 Moran's I 指数[①]

———————

① 1%显著性水平。

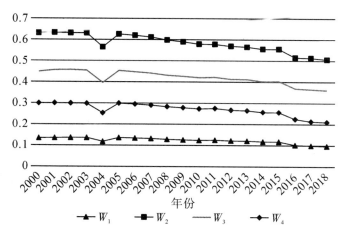

图 6-6　不同空间权重矩阵下农业机械总动力全局 Moran's I 指数①

表 6-5　空间溢出效应距离阈值分析

变量	2000—2018 年			2000—2013 年			2014—2018 年		
	W_2	W_3	W_4	W_2	W_3	W_4	W_2	W_3	W_4
lnmachine	-0.034*	-0.085***	-0.276***	-0.074***	-0.078*	-0.341***	-0.149**	-0.123	-0.318
	(0.020)	(0.031)	(0.059)	(0.026)	(0.045)	(0.101)	(0.061)	(0.092)	(0.600)
lnarea	0.266***	0.282***	0.524***	0.312***	0.377***	0.684***	0.256***	0.318***	1.823
	(0.028)	(0.038)	(0.089)	(0.030)	(0.044)	(0.114)	(0.042)	(0.066)	(2.256)
lnlabor	0.050***	0.046***	0.087***	0.071***	0.081***	0.177***	0.118***	0.089***	0.318
	(0.009)	(0.010)	(0.021)	(0.015)	(0.019)	(0.043)	(0.030)	(0.033)	(0.481)
lnfertilizer	0.026***	0.029***	0.053***	0.031***	0.037***	0.062**	0.053***	0.084***	0.537
	(0.007)	(0.008)	(0.015)	(0.010)	(0.013)	(0.024)	(0.019)	(0.029)	(0.704)
rho	0.401***	0.502***	0.671***	0.433***	0.547***	0.694***	0.389***	0.394***	0.665***
	(0.013)	(0.015)	(0.022)	(0.015)	(0.017)	(0.025)	(0.028)	(0.034)	(0.049)
sigma^2_e	0.013***	0.013***	0.013***	0.013***	0.013***	0.014***	0.007***	0.008***	0.008***
	(0.000)	(0.000)	(0.000)	(0.000)	(0.000)	(0.000)	(0.000)	(0.000)	(0.000)
R^2	0.957	0.963	0.956	0.937	0.942	0.929	0.933	0.952	0.899
N	5 040	5 040	5 040	3 640	3 640	3 640	1 120	1 120	1 120

注：*、**、*** 分别表示在 10%、5%、1% 水平上显著。

　　从空间溢出效应影响的系数符号来看，在调整距离阈值和划分时间段后，农业机械化发展对其他地区的粮食产量的影响系数均为负（空间溢出效应为负），同表 6-4 中的结果存在显著差异。表 6-4 中的回归结果显示，在以通行

---

① 1% 显著性水平。

时间的倒数设置的空间权重矩阵下，空间溢出效应为正，即一个地区农业机械化水平的提升能在一定程度上促进本地区和邻近其他地区粮食产量的提升。出现这种看似矛盾的结论，原因可能如下：①农业机械化发展对其他地区粮食产量的正向影响是基于 2000—2018 年整个时间段产生的，在划分不同时间段后，各个时间段内农机跨区作业的范围和内容均有所不同，导致空间溢出效应的结果不同；②农业机械化发展对其他地区粮食产量的影响作用具有"涟漪效应"（高鸣 等，2014）[①]，即空间溢出效应随着距离的增加变得越来越弱，但是这个适合的距离特别是合适的通行时间距离的确定受多种因素的影响，本章选取的三个代表性的通行时间并不能完全反映农机跨区作业的全部范围；③由于粮食作物耕种收环节的季节性差异，农机在长途跨区作业行进中跨越的地区更多、更远，因此可能对通行时间长的地区比对通行时间短的地区的粮食生产影响更大，因此单纯以通行时间长短为依据做"截集"处理可能会影响空间溢出效应。但是目前没有更好的反映农机跨区作业辐射范围的"截集"依据，而本小节研究的主要目的是通过观察不同通行时间下农机跨区作业对粮食产量的空间溢出效应的显著性，说明农机跨区作业从过去的以长途为主现在的以长途、中距离和短途三种跨区搭配方式的转变，即通过空间溢出效应的距离阈值分析判断农机跨区作业模式的转变，并非再次检验农业机械化发展对其他地区粮食产量的影响。因此，此处忽略空间溢出效应系数的符号含义，主要从显著性水平出发分析不同通行时间范围内农业机械化水平对粮食产量的空间溢出效应。

从表 6-5 中可以看到：2000—2018 年，在"三个小时之内"（180 分钟）的空间权重矩阵下，农业机械化水平对粮食产量的空间溢出效应在 10% 水平上显著；在"六个小时之内"（360 分钟）和"半天之内"（720 分钟）的空间权重矩阵下，农业机械化水平对粮食产量的空间溢出效应均在 1% 水平上显著。这说明从整个时间段来看，农机以中距离和长途跨区作业为主。为了进一步说明农机跨区作业范围的调整，以 2014 年为分界线将其划分为两个时间段进行研究[②]。2000—2013 年，在"六个小时之内"（360 分钟）的空间权重矩阵下，农业机械化水平对粮食产量的空间溢出效应在 10% 水平上显著；在"三个小时之内"（180 分钟）和"半天之内"（720 分钟）的空间权重矩阵下，农业机械化水平对粮食产量的空间溢出效应均在 1% 水平上显著。这说明在农机跨区作业发展前期主要以长途为主。到了 2014—2018 年，只有在"三

---

① 高鸣，宋洪远. 粮食生产技术效率的空间收敛及功能区差异：兼论技术扩散的空间涟漪效应 [J]. 管理世界，2014（7）：83-92.
② 农业跨区作业面积从 2014 年开始减少，故以此年份为分界年。

个小时之内"（180 分钟）的空间权重矩阵下，农业机械化水平对粮食产量的空间溢出效应才显著，说明随着当地农机市场竞争的加剧和运输成本的提高，农机跨区作业距离逐步以短途为主。

6.4.3 门槛回归分析

检验公路基础设施建设在农业机械跨区作业对粮食产量的空间溢出效应中的门槛作用，需要选择恰当的解释变量代表农机跨区作业。农机跨区作业的本质含义是其他地区的农业机械参与到本地的农业生产中，因此用农业机械化水平的空间滞后项表示比较合适。在选择好解释变量、门槛变量后，接着进行门槛效应的检验。采用自举法（Bootstrap）生成自助样本集，自举次数设置为300。表 6-6 是门槛效应检验结果。从表中可以看到单一门槛与双重门槛分别在 1% 和 10% 的水平上显著，通过了双门槛检验，说明应建立双门槛模型。图6-7 和图 6-8 分别是第一门槛值和第二门槛值的 LR 统计量检验图，图中横坐标表示门槛值，纵坐标表示似然比。从图中可以明显看到，在 95% 的置信区间内，通过了 LR 统计量检验，说明选择的门槛值是合适的，即通过了门槛真实性检验。

表 6-6　门槛效应检验结果

门槛数	F 统计量	P 值	Bootstrap 次数	临界值		
				1%	5%	10%
单一门槛	69.37	0.003	300	54.465	45.766	39.040
双重门槛	56.31	0.063	300	97.724	68.494	48.502

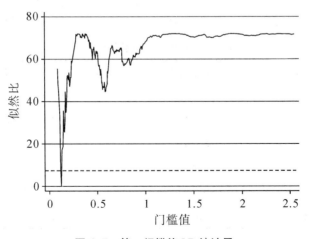

图 6-7　第一门槛值 LR 统计量

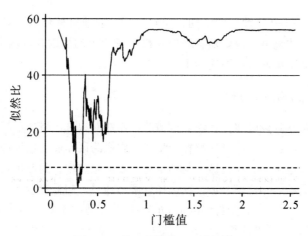

图 6-8　第二门槛值 LR 统计量

表 6-7 显示的是门槛模型参数估计结果。实证结果显示，考察期内农机跨区作业对粮食产量的影响显著为正，其影响随着公路密度的增加而呈现门槛效应。当公路密度（本地区公路密度+其他地区公路密度的空间滞后项，下同）小于 0.123 时，其他地区农业机械总动力对本地区粮食产量的影响系数值为 0.480，并在 1%水平上显著。当公路密度大于或等于 0.123 且小于 0.297 时，其他地区农业机械总动力对本地区粮食产量的影响系数值上升至 0.704，并在 1%水平上显著，其影响从 0.480 增加至 0.704，约增长 46.7%，增长幅度大。当公路密度大于 0.297 时，上述系数值亦有所上升，并在 1%水平上显著，但其影响从 0.704 增长到 0.788，增加幅度微弱。这表明，公路基础设施建设达到一定水平后，有助于农机跨区作业的发展，使农业机械化的影响作用从本地区扩展到其他地区，从而带动其他地区的粮食产量增产。但是随着公路基础设施建设的不断完善，其对农机跨区作业的影响减弱，进而带来空间溢出效应的增长放缓。

表 6-7　门槛模型参数估计结果

指标	回归系数	t 统计量或 95%置信区间
第一门槛值	0.123	[0.116,0.131]
第二门槛值	0.297	[0.286,0.304]
$W*lnmachine\_1$	0.480***	0.137
$W*lnmachine\_2$	0.704***	0.111
$W*lnmachine\_2$	0.788***	0.244
整体 R^2	0.855	

注：*、**、*** 分别表示在 10%、5%、1%水平上显著。

从 1996 年跨区机收小麦开始，农机跨区作业规模不断发展壮大，成为中国农业机械化发展过程中不可或缺的重要组成力量。农机跨区作业对于粮食生产具有积极的影响，从生产方式上实现粮食规模化生产，并带来粮食生产技术的外溢，对本地区和其他地区的粮食增产具有重要意义。在此过程中，除了农机跨区作业自身的需求影响外，公路交通基础设施的建设和完善也是农机跨区作业发展的重要因素，是农业机械"跨出去"和"引进来"的前提条件，从而影响农机跨区作业过程中对其他地区的粮食产量带来的空间溢出效应。

　　公路交通基础设施对农机跨区作业发展的影响主要体现在以下两个方面：一方面，免收农机跨区作业车辆公路通行费，有效降低农机跨区作业的运输成本，从而提高农机手开展农机跨区作业的积极性。另一方面，随着公路交通基础设施不断完善，农机跨区作业所需的交通时间大大缩短，不断拓展的公路里程数使得农业机械更易"走出去"和"走得更远"。因此，当公路交通基础设施达到一定规模后，即公路密度达到一个门槛值后，农机跨区作业对粮食产量的空间溢出效应影响会显著提高。

　　国家对农业机械化发展高度重视，并出台了一系列支撑政策。各地区农业机械装备量上升，加剧了农机作业服务市场的竞争。由于国内大多数地区的农机保有量能实现自给自足，加上农村地区固有的"熟人社会"思想的影响，各地区对本地区之外的农机作业需求量不断减少，农机跨区作业的收益不断下降。因此，在竞争激烈的市场环境下，公路交通基础设施在达到另一个门槛值后，对农机跨区作业的影响减弱，随之在农机跨区作业对粮食产量的空间溢出效应中的影响减弱。单纯通过加强公路交通基础设施建设来促进农机跨区作业的模式，其效果逐渐式微，亟待转变。

　　一方面，以乡村振兴为契机，不断加强农村地区的交通基础设施建设，拓展农村公路总里程，积极推进乡镇村硬化路建设，实现全国范围内的乡镇和建制村百分百都通硬化路，从而为大型农机的出行、作业提供便利。另一方面，在公路交通基础设施进一步完善的基础上，通过农机跨区作业信息服务平台促进"互联网络"的互联互通，从而保障农机跨区作业"走得更远"和"走得更稳"。

6.5 稳健性检验和内生性问题处理

6.5.1 稳健性检验

本章采用不同的空间权重矩阵检验农业机械化水平对粮食产量空间溢出效应的稳健性。将两地区之间的欧氏直线距离的倒数作为反距离空间权重矩阵，替代经济距离矩阵进行计量回归。为保持其他条件不变，所选模型和估计方法与上文一致，得到如表6-8所示回归结果。可以看到，农业机械总动力对粮食产量的影响系数显著为正，同经济距离空间权重矩阵下的回归结果具有一致性，由此验证了上文结果的可靠性和稳健性。

表6-8　反距离空间权重矩阵下空间溢出效应回归结果

变量	系数（标准误）	短期			长期		
		直接效应	间接效应	总效应	直接效应	间接效应	总效应
lnmachine	0.027 ***	0.027 ***	0.088 ***	0.116 ***	0.054 ***	1.036 ***	1.090 ***
	(0.009)	(0.009)	(0.026)	(0.027)	(0.017)	(0.317)	(0.321)
lnarea	0.319 ***	0.321 ***	−0.568 ***	−0.248 ***	0.609 ***	−2.938 ***	−2.330 ***
	(0.010)	(0.011)	(0.017)	(0.009)	(0.019)	(0.392)	(0.389)
lnlabor	0.043 ***	0.043 ***	−0.076 ***	−0.033 ***	0.081 ***	−0.395 ***	−0.313 ***
	(0.011)	(0.010)	(0.019)	(0.008)	(0.020)	(0.119)	(0.102)
lnfertilizer	0.033 ***	0.034 ***	−0.060 ***	−0.026 ***	0.064 ***	−0.308 ***	−0.244 ***
	(0.007)	(0.007)	(0.013)	(0.006)	(0.014)	(0.075)	(0.064)
L. lnyield	0.478 ***						
	(0.011)						
L. Wlnyield	−1.628 ***						
	(0.041)						
$W*$lnmachine	−0.174 ***						
	(0.038)						
rho	2.290 ***						
	(0.022)						
$sigma^2$_e	0.014 ***						
	(0.000)						
R^2	0.868						
N	5 040						

注：*、**、***分别表示在10%、5%、1%水平上显著。

6.5.2 内生性问题处理

关于农业机械化和粮食产量的关系，部分学者认为两者之间可能存在互为因果的内生性问题（周振 等，2019)①。农业机械作为粮食生产的重要投入要素，对粮食产量的提高有着重要作用；反过来，粮食产量的提高又会促使农户增加农业机械的使用从而促进农业机械化发展。因此，农业机械化与粮食产量之间存在互相决定、互相影响的关系，两者之间互为因果的关系可能导致内生性问题，从而导致估计结果存在偏误。为了避免出现以上内生性问题导致的偏误，本章参考彭继权和张利国（2020)② 的思路，采用公路密度作为工具变量，用两阶段最小二乘法来识别农业机械化和粮食产量之间的因果关系。

使用上一小节中的门槛变量——公路密度作为农业机械化水平的工具变量，农业机械在运输过程中依赖于完善、发达的公路基础设施，良好的公路基础设施更有利于农业机械化水平的提高，但是公路基础设施和被解释变量——粮食产量的相关性很小，基本无影响，因此将其作为工具变量具有较强的可行性。表 6-9 显示了回归结果。第一阶段联合检验的 F 统计量为 41.21，大于10，排除了弱工具变量的可能性。在个体时间双重固定效应的情况下，采用两阶段最小二乘法，农业机械总动力在 1% 的统计水平上对粮食产量具有显著的正向影响，与基准回归和稳健性检验结果基本一致，再次验证了估计结果的稳健性。

表 6-9 工具变量回归结果

变量	粮食产量
lnmachine	0.266 ***
	(0.019)
lnarea	0.658 ***
	(0.012)
lnlabor	−0.055 ***
	(0.012)

① 周振，孔祥智. 农业机械化对我国粮食产出的效果评价与政策方向 [J]. 中国软科学，2019 (4)：20-32.

② 彭继权，张利国. 农业机械化对农户主粮种植面积的影响 [J]. 中国农业大学学报，2020，25 (9)：227-238.

表6-9(续)

变量	粮食产量
lnfertilizer	−0.008
	(0.015)
_cons	1.701***
	(0.074)
F 统计量	41.21***
R^2	0.927
N	5 320

注:*、**、***分别表示在10%、5%、1%水平上显著。

6.6 本章小结

本章利用2000—2018年中国280个地市州的面板数据,采用动态空间面板杜宾模型,研究了中国农业机械化水平对粮食产量的空间溢出效应,并探索公路交通基础设施在农机跨区作业对粮食增产过程中起到的"门槛变量"作用。研究的结果表明,中国粮食产量和农业机械总动力具有较为明显的空间正向相关性,具有较强的空间集聚效应。在保持其他条件不变时,农业机械化水平提升不仅会显著提升本地粮食产量,还对邻近其他地区产生明显的空间溢出效应,这种空间溢出效应随着跨区距离的增加不断减弱。另外,受农机跨区作业自身市场竞争激烈的影响,公路交通基础设施在达到另一个门槛值后,对农机跨区作业的影响减弱,随之在农机跨区作业对粮食产量的空间溢出效应中的影响减弱。

考虑到近年来农业劳动力成本的快速上升,粮食作物生产过程中越来越多地使用农业机械替代人工劳动,研究农业机械化水平对粮食产量的影响具有现实意义。农机跨区作业的发展也进一步提高了各地区的农业机械化水平,促进了粮食产量的增加。虽然受到激烈的市场竞争的影响,农机跨区作业面积有所减少,但是农机跨区作业对提高农业机械利用效率和提升全国农业机械化整体水平仍具有重要作用。

7 结论与政策启示

7.1 主要结论

（1）农业机械化发展与粮食生产之间存在密切的联系，粮食生产的变动趋势同农业机械化水平的变动趋势具有一致性。一般情况下，在农业机械化发展速度较快的时期粮食产量增产明显，农业机械作为劳动力的替代要素在粮食生产中扮演着越来越重要的角色。

（2）改革开放以来，中国农业机械化水平不断提高，农业机械总动力和农作物耕种收综合机械化率显著提升，但存在区域间的发展不平衡。西部丘陵山区和东部低缓丘陵地形阻碍了农业机械化发展，制约了农业机械化整体水平的进一步提高。

（3）中国粮食生产技术效率和农业机械总动力具有较为明显的空间正向相关性，在保持其他条件不变时，农业机械化水平提升不仅会显著提升本地粮食生产技术效率，还对邻近其他地区的粮食生产技术效率产生明显的空间溢出效应。因此，本书认为农业机械化发展对粮食产量的空间溢出效应是通过影响粮食生产技术效率影响粮食产量的。从时间维度来看，1998—2013 年，大中型农业机械对粮食生产技术效率具有显著的正向空间溢出效应。这一时期，农机跨区作业经历了从起步到发展成熟的过程，农机跨区作业促进了粮食生产技术的传播，并提高了农机利用效率，促进了粮食种植向规模化和专业化发展。2014—2018 年，随着农机作业市场竞争的加剧、农机跨区作业成本的增加，农机长距离（跨省）跨区作业呈不断减少趋势，未来应更多关注农业机械短距离（跨市、跨县）跨区作业对粮食生产技术效率带来的空间溢出效应。从空间维度来看，本书认为农机跨区作业路线是以跨经度和跨纬度的组合形式存在的，并不完全按照跨纬度行进作业。通过对小麦和水稻的实证分析，结果显示在水稻跨区作业的行进路线途径的省份中，大中型农业机械对粮食生产技术效率的空间溢出效应显著，验证了中国农机跨区作业方式是以跨纬度和跨经度相结合的模式。

（4）农业机械化对粮食播种面积具有显著的正向影响，即农作物耕种收综合机械化率的提高有利于提高粮食播种面积占比。随着农业劳动力价格上涨和农业劳动力非农转移，农业机械替代人工劳动，农户种植结构由"去粮化"向"趋粮化"发展。分区域来看，在东部地区和中部地区，农作物耕种收综合机械化率对粮食播种面积占比具有显著的正向影响，其地形越平坦的地区，影响效果越明显。这说明随着农机装备水平的提高、小型通用机械的推广应用、"藏粮于地、藏粮于技"战略的推进以及高标准农田建设规模的扩大，在东部地区和中部地区原来一些不适合种植粮食的丘陵山地也可以扩大种植面积。而在东北地区，农作物耕种收综合机械化率对粮食播种面积占比不具有显著的正向影响，其主要原因在于东北地区农业机械化水平和粮食播种面积的提升空间十分有限，从而导致农业机械化水平的提高不能扩大粮食作物的播种面积。从农作物耕种收综合机械化率和地形坡度的交互项来看，在东北和西部地形平坦的地区，农业机械化水平的提高对粮食播种面积占比具有显著的影响。因此，总体来看，农业机械化水平的提高在一定程度上有助于促进农户扩大粮食播种面积。

（5）中国粮食产量和农业机械总动力具有较为明显的空间正向相关性，在保持其他条件不变时，农业机械化水平提升不仅会显著提升本地粮食产量，还对邻近其他地区产生明显的空间溢出效应。从分解值来看，农业机械化水平对粮食产量的间接效应明显大于直接效应，说明中国农机对粮食产出的空间溢出效应大于直接影响。从时间长度来看，农业机械化水平对粮食产量的长期效应明显大于短期效应，说明从长远来看，农业机械化水平对粮食产量的影响程度更大、效果更明显。农业机械化水平对粮食产量的空间溢出效应随着跨区距离的增加不断减弱，2014—2018 年，只有在"三个小时之内"（180 分钟）的空间权重矩阵下，农业机械化水平对粮食产量的空间溢出效应才显著，说明随着当地农机市场竞争的加剧和运输成本的提高，农机跨区作业距离逐步以短途为主。受农机跨区作业自身激烈的市场竞争的影响，公路交通基础设施在达到另一个门槛值后，对农机跨区作业的影响减弱，随之在农机跨区作业对粮食产量的空间溢出效应的影响减弱。具体来说，当公路密度（本地区公路密度+其他地区公路密度的空间滞后项）小于 0.123 时，其他地区农业机械总动力对本地区粮食产量的影响系数为 0.480。当公路密度大于或等于 0.123 且小于

0.297 时，其他地区农业机械总动力对本地区粮食产量的影响系数上升至 0.704，增长幅度大。而当公路密度大于 0.297 时，上述系数上升 0.788，增加幅度微弱。

7.2 政策启示

（1）进一步提高不同粮食作物的机械化生产水平。在粮食生产中，农业机械化发展的薄弱环节是水稻的机械种植和玉米的机械收获。2018 年三种粮食平均耕种收综合机械化率达 84.54%，小麦生产全机械化覆盖，但是水稻机播率只有 50.86%，玉米机收率只有 66.20%。由此可见，水稻的机械种植和玉米的机械收获是粮食作物实现全程机械化的"瓶颈"。推进水稻机械插秧、玉米籽粒机械化收获，应坚持技术创新和组织创新相结合、农机与农艺相结合的发展路径。要坚持技术创新和组织创新相结合的发展路径，应鼓励农机和农业科研推广单位、生产企业研究新型农机；支持组建共享、共担利益和风险的合作社，并发挥合作社的示范作用。育秧是突破水稻机械化插秧瓶颈的难点，坚持农机和农艺相结合的发展路径，应搭建农机与农艺科技人员技术互研的桥梁，促进农机和农艺研究人员的沟通协作，同时设备的普适性将作为研究育种及栽培方式普及的考核指标。

（2）进一步提高不同地区粮食作物的机械化生产水平。在粮食生产中，农业机械化发展的薄弱地区是山地和丘陵地区。针对山地和丘陵地区耕地细碎化和不平整从而不适宜机械操作的难题，应调整坡度较大地区的农作物种植结构，种植机械化应用较低的农作物；加大对耕地坡度较小的土地的平整力度，积极推进高标准农田建设，配套建设下田路、机耕道等方便农机下田作业的基础设施。针对大型、先进机械在山地和丘陵地区"水土不服"的问题，应支持、鼓励、引导农机生产企业加大对适应于山地丘陵地区的小型农机领域的技术创新投入力度，具体而言可以对生产适用于山地丘陵地区的小型、专用农机的企业提供税收优惠和免息贷款等金融服务；积极推动校企合作与产学研相结合，有针对性地进行技术攻关，突破适用于山地丘陵地区的小型、专用农机的关键核心技术，加快相关科研成果转化。另外，从四大地区来说，作为每亩平均农机动力最大的地区，东部地区应在继续努力推进主要粮食作物生产全程机械化的基础上，更加注重提高农业机械化发展的质量和效益。作为贡献了全国近 1/3 粮食产量的地区，中部地区应增加农业机械投入，提高农机装备水平，推进主要粮食作物生产全程机械化，从而进一步提高农业机械化水平。作为全国农业机械化水平最低的地区，西部地区应注重发展轻便型、智能化、自动化农机装备和网络化、灵活性和及时性强的农业机械化服务体系，努力消除地形条件对该地区农业机械化发展的影响。作为农业机械化水平最高的地区，东北地区应推进农业机械化向全程化、全面化、信息化和智能化发展，在继续提高粮食综合生产能力的基础上，降低粮食生产成本，提高粮食生产质量和效益，推动中国粮食走出国门进入国际市场，为农业现代化提供助力。

（3）进一步提高农机购置补贴的指向性和精准性。在地形平坦的地区继续鼓励发展大中型农业机械，加大对大中型农机的补贴；而在丘陵和山区应加强小型农业机械、丘陵山地农机的研发和应用，加大对小型农机的补贴。目前我国农机采购补贴政策具有普惠性的特征，不利于改善农业机械化发展的薄弱环节。从本书的研究结果来看，在地形平坦的地区，农户更倾向于选择农机服务而非直接购买农业机械，而提供耕、种、收等农机服务主要依靠的是大中型农机，农机服务市场对大中型农机的采购意愿更强。但由于大中型农机设备单价高，采购者资金压力大，因此，现阶段粮食生产大县应提高农机购置补贴的指向性和精准性，在地形平坦的地区重点加强对大中型农机的补贴，而在不适宜大中型农业机械操作的丘陵和山区，应发展小型农业机械和丘陵山地农机，农机购置补贴应侧重于小型农机。

（4）鼓励农机跨区作业，实现区域间"共享"农机资源。由于农业机械可通过跨区作业将其影响扩散到其他区域，即存在空间溢出效应，应该解除行政割裂以及缺乏统筹的区域行政格局，构建农业经济全域化发展体系，使区域经济一体发展更具互补性与协调性，科学调配各区域的农业机械资源，实现资源效益最大化。首先，应充分利用现代互联网技术解决农机跨区作业过程中供需双方的信息不对称问题，构建农机跨区作业信息服务平台，形成"互联网+农机跨区作业"的服务模式，促进农机跨区作业的转型升级。而农机跨区作业信息服务平台的筹办主体应是各级农机管理部门，服务对象是各地区农机手。各级农机管理部门应当及时收集当地农户当年机械作业需求数量、需求时间和预期价格等信息，并及时更新到服务平台上，方便本地区和其他地区的农机手搜寻匹配信息。经过双方协商后应及时完成网上协议等先进的签约方式，确保交易的可行性。其次，需确保农机跨区作业配套服务。统筹相关企业在跨区作业集中区域组织设备修理、更换、"三包"网点；保障农机油料供应，结合生产周期设立流动加油点。最后，针对农机跨区作业建立完善的法律法规，从而维护农机服务市场秩序，切实保护各方权益。

（5）加强公路交通基础设施建设，促进农机跨区作业"走出去"和"引进来"。公路交通基础设施建设和发展是农机跨区作业的物质基础，应充分挖掘公路交通基础设施改善带来的政策红利，促进农机跨区作业"走出去"和"引进来"。第一，以乡村振兴为契机，不断加强农村地区的交通基础设施建设，拓展农村公路总里程，积极推进乡镇村硬化路建设，实现全国范围内的乡镇和建制村百分百都通硬化路，从而为大型农机的出行、作业提供便利。第二，在公路交通基础设施进一步完善的基础上，通过农机跨区作业信息服务平台促进"互联网络"的互联互通，从而保障农机跨区作业"走得更远"和"走得更稳"。

7.3　研究展望

本书分析了农业机械化发展对粮食生产的影响，具体而言，在农机跨区作业的背景下探讨和实证研究了农业机械化对粮食生产技术效率和产量的空间溢出效应，研究了农业机械化发展对粮食播种面积的影响，相应得出了一些有价值的研究结论。然而，由于掌握的资料和数据有限，加上作者时间精力和能力的局限，尚有一些有价值的研究问题仍未能进行深入讨论，具体包括以下内容：

（1）研究数据有待扩展到县级面板数据和微观数据。一方面，数据有待扩展到县级面板数据。囿于数据资料所限，本书实证研究仅包含省级和市级面板数据，但是随着农机跨区作业距离的缩短，农业机械化对粮食生产的溢出效应可能存在县级范围，使用省级和市级面板数据可能导致高估农业机械化对粮食生产的直接效应，低估农业机械化对粮食生产的间接效应。另一方面，数据有待扩展到微观数据。本研究在解决地区异质性问题中采用了省级和市级面板数据进行对比研究论证，但是涉及的数据仍是宏观数据，研究结果具有普适性，但对于微观地域的指示意义不大，对市、县级等进一步细分对象实施研究，应该更有实际意义。未来，在数据完善的基础上，可以进一步考察农业机械化对粮食生产溢出效应在县级或者县级以下范围的分布情况，并对比分析农机跨县、跨市、跨省三种模式的区别以及不同农业机械种类的异质性等。

（2）研究内容有待进一步扩展。第一，影响粮食生产的因素有很多，农业机械化是其中的一个重要方面，而另外一个重要因素是种子。要让中国人的"饭碗"盛满中国粮，种子是关键，种子可以说是农业的"芯片"，良种在粮食增产中的作用可以达到40%以上①。但目前，中国种业与国际先进水平还有很大的差距，国际上的种子也主要控制在欧美几家大型种业公司手中，我国粮食安全存在很大的隐患。因此，在未来的研究中探讨如何解决种子问题尤为重要。第二，农业机械化发展对粮食生产的影响路径还有待继续探索。本书从影响粮食产量的两个主要因素——粮食生产技术效率和播种面积出发，探讨农业机械化发展通过上述两个方面影响粮食产量的问题。在借鉴以往文献的基础上，做一些浅显分析，但是农业机械化和粮食生产问题是不断变化的，农业机械化发展对粮食生产的具体影响路径不止以上两个方面，在未来的研究中还可以从粮食生产全要素生产率视角研究农业机械化发展对粮食生产的影响。第三，农业机械化对粮食生产品质的提升问题。随着城镇化的深入发展，居民消费理念转变，人们对多样化、绿色优质的粮食的需求增加，因此，农业机械化也要适应粮食产品绿色、优质、多样化的需求，农业机械如何提升粮食生产质量，保障粮食产品可控、可追溯是未来值得研究的方向。第四，可以从如何提升农业机械化水平的途径展开研究。除东北地区外，我国当前普遍实行的仍然是以农户为主体的超小规模的农业经营模式，推进农业机械化应该更多依靠农机服务组织；中东部地区人多地少，而中西部山地丘陵地区土地细碎化特征十分明显，因此加快推进农地适度规模经营也是加快推进农业机械化的重要途径。另外，大量事实表明，农机购置补贴有力推动了农业机械化进程，大幅提升了农业劳动生产率，促进了粮食生产，因此也是值得研究的内容。

（3）研究方法有待进一步扩展。农业机械化发展对粮食生产的空间溢出效应的距离阈值分析过程中的空间权重矩阵还有待进一步优化。本书在按照通行时间的长短调整空间权重矩阵和划分时间段后，发现农业机械化水平对粮食产量的空间溢出效应影响系数变为负值，同未调整空间权重矩阵时的研究结果存在差异。由于现有认知水平和时间精力的限制，本书采用"重显著性，略符号"的处理方式分析空间溢出效应的距离阈值，对问题的剖析力度较弱。在未来的研究中，可以考虑构建更贴近现实的时空权重矩阵。

---

① 陈宗. 解决种子问题，牢牢守住农业"芯片"［EB/OL］.（2020-12-25）［2022-05-20］. http://www.rmzxb.com.cn/c/2020-12-25/2745975.shtml.

参考文献

安虎森, 2003. 区域经济学通论 [M]. 北京：经济科学出版社.

白人朴, 2011. 粮食八连增与农业机械化 [N]. 中国农机化导报 12-12 (8).

白人朴, 2011. 中国特色农业机械化理论体系研究 [J]. 中国农机化 (5)：14-15, 24.

白人朴, 1992. 重新学习和正确理解"农业的根本出路在于机械化" [J]. 农业机械学报 (1)：108-110.

卞小燕, 2017. 农机跨区作业怎样"跨"得更远 [J]. 当代农机 (6)：14-15.

宾斯万格, 等, 1989. 农业机械化问题和选择 [M]. 中国农业机械学会委员会, 译. 北京：中国财政经济出版社.

柏拉图, 2015. 理想国 [M]. 唐译, 编译. 长春：吉林出版集团有限责任公司.

蔡键, 刘文勇, 2019. 农业社会化服务与机会主义行为：以农机手作业服务为例 [J]. 改革 (3)：18-29.

蔡键, 唐忠, 朱勇, 2017. 要素相对价格、土地资源条件与农户农业机械服务外包需求 [J]. 中国农村经济 (8)：18-28.

曹光乔, 周力, 毛慧, 2019. 农业技术补贴对服务效率和作业质量的影响：以秸秆机械化还田技术补贴为例 [J]. 华中农业大学学报 (社会科学版) (2)：55-62, 165-166.

曹阳, 胡继亮, 2010. 中国土地家庭承包制度下的农业机械化：基于中国 17 省 (区、市) 的调查数据 [J]. 中国农村经济 (10)：57-65, 76.

陈超, 李寅秋, 廖西元, 2012. 水稻生产环节外包的生产率效应分析：基于江苏省三县的面板数据 [J]. 中国农村经济 (2)：86-96.

程明, 李明亮, 陈振环, 等, 2013. 农业机械化对我国粮食产量影响的实证研究 [J]. 广东农业科学, 40 (18)：198-201, 219.

董涵英, 1986. 土地经营规模与农业机械化 [J]. 中国农村经济 (8)：50-53.

董欢，2016. 农业经营主体分化视角下农机作业服务的发展研究 [D]. 北京：中国农业大学.

董洁芳，2015. 我国农机跨区作业的效益与趋势分析 [J]. 中国农机化学报，36 (5)：303-307.

方师乐，黄祖辉，2019. 新中国成立 70 年来我国农业机械化的阶段性演变与发展趋势 [J]. 农业经济问题 (10)：36-49.

方师乐，卫龙宝，史新杰，2018. 中国特色的农业机械化路径研究：俱乐部理论的视角 [J]. 农业经济问题 (9)：55-65.

方师乐，卫龙宝，伍骏骞，2017. 农业机械化的空间溢出效应及其分布规律：农机跨区服务的视角 [J]. 管理世界 (11)：65-78，187-188.

高鸣，马铃，2015. 贫困视角下粮食生产技术效率及其影响因素：基于 EBM-Goprobit 二步法模型的实证分析 [J]. 中国农村观察 (4)：49-60，96-97.

高鸣，宋洪远，2014. 粮食生产技术效率的空间收敛及功能区差异：兼论技术扩散的空间涟漪效应 [J]. 管理世界 (7)：83-92.

高苇，李永盛，李小帆，2020. 空间集聚能否提高城市生产率？：基于长江经济带动态空间面板模型的分析 [J]. 中国地质大学学报（社会科学版），20 (2)：135-148.

耿端阳，张道林，王相友，等，2011. 新编农业机械学 [M]. 北京：国防工业出版社.

国家统计局农村社会经济调查司，2016. 中国农产品价格调查年鉴 2016 [M]. 北京：中国统计出版社.

何爱，曾楚宏，2010. 诱致性技术创新：文献综述及其引申 [J]. 改革 (6)：45-48.

胡炼，罗锡文，林潮兴，等，2014.1PJ-4.0 型水田激光平地机设计与试验 [J]. 农业机械学报，45 (4)：146-151.

胡凌啸，2017. 劳动力价格、经营规模与农民机械化需求及选择研究 [D]. 南京：南京农业大学.

胡雪枝，钟甫宁，2012. 农村人口老龄化对粮食生产的影响：基于农村固定观察点数据的分析 [J]. 中国农村经济 (7)：29-39.

宦梅丽，侯云先，2021. 农机服务、农村劳动力结构变化与中国粮食生产技术效率 [J]. 华中农业大学学报（社会科学版）(1)：69-80，177.

黄玛兰，李晓云，2019. 农业劳动力价格上涨对农作物种植结构变化的省际差异性影响 [J]. 经济地理，2019，39 (6)：172-182.

黄玛兰，李晓云，游良志，2018. 农业机械与农业劳动力投入对粮食产出的影响及其替代弹性［J］. 华中农业大学学报（社会科学版）(2)：37-45，156.

黄炎忠，罗小锋，2020. 跨区作业如何影响农机服务获取？［J］. 华中农业大学学报（社会科学版）(4)：89-97，178.

黄宗智，1986. 华北的小农经济与社会变迁［M］. 北京：中华书局出版社.

黄宗智，2000. 长江三角洲小农家庭与乡村发展［M］. 北京：中华书局出版社.

纪月清，王许沁，陆五一，等，2016. 农业劳动力特征、土地细碎化与农机社会化服务［J］. 农业现代化研究，37（5）：910-916.

纪月清，钟甫宁，2013. 非农就业与农户农机服务利用［J］. 南京农业大学学报（社会科学版），13（5）：47-52.

江泽林，2018. 机械化在农业供给侧结构性改革中的作用［J］. 农业经济问题(3)：4-8.

李谷成，李烨阳，周晓时，2018. 农业机械化、劳动力转移与农民收入增长：孰因孰果？［J］. 中国农村经济(11)：112-127.

李涵，滕兆岳，伍骏骞，2020. 公路基础设施与农业劳动生产率［J］. 产业经济研究(4)：32-44，128.

李健宁，2009. 多元分析及其在高等教育研究中的应用［M］. 合肥：安徽大学出版社.

李政通，姚成胜，梁龙武，2018. 中国粮食生产的区域类型和生产模式演变分析［J］. 地理研究(5)：937-953.

林毅夫，1995. 我国主要粮食作物单产潜力与增产前景［J］. 中国农业资源与区划(3)：4-7.

刘超，2002. 农业机械化的系统分析［J］. 江西农业大学学报（自然科学版）(5)：707-710.

刘春明，陈旭，2019. 我国粮食生产技术效率及影响因素研究：基于省际面板数据的 Translog-SFA 模型的分析［J］. 中国农机化学报(8)：201-207.

刘凤芹，2003. 中国农业土地经营的规模研究：小块农地经营的案例分析［J］. 财经问题研究(10)：60-65.

刘凤芹，2006. 农业土地规模经营的条件与效果研究：以东北农村为例［J］. 管理世界(9)：71-79，171-172.

刘景辉，王志敏，李立军，等，2003. 超高产是中国未来粮食安全的基本技术途径［J］. 农业现代化研究(3)：161-165.

刘魏，张应良，王燕，2020. 农地经营规模扩大刺激了农户跨区作业需求吗？：

以水稻劳动密集型环节为例 [J]. 贵州大学学报（社会科学版），38（1）：
49-61.

刘玉梅，崔明秀，田志宏，2009. 农户对大型农机装备需求的决定因素分析
[J]. 农业经济问题，31（11）：58-66.

刘运梓，宋养琰，1980. 农业机械化是农业现代化的核心和基本内容吗？[J].
社会科学辑刊（4）：60-64.

罗必良，2020. 小农的种粮逻辑与中国粮食安全策略 [N]. 粮油市场报-09-15
（B03）.

罗必良，2008. 论农业分工的有限性及其政策含义 [J]. 贵州社会科学（1）：
80-87.

罗敏，曾以禹，2012. 两型农业背景下的粮食生产：以贵州为例 [J]. 农业技
术经济（10）：52-58.

罗斯炫，何可，张俊飚，2018. 修路能否促进农业增长？：基于农机跨区作业
视角的分析 [J]. 中国农村经济（6）：67-83.

罗锡文，廖娟，胡炼，等，2016. 提高农业机械化水平促进农业可持续发展
[J]. 农业工程学报，32（1）：1-11.

罗象谷，1985. 农业机械化是农业的根本出路吗？[J]. 中国农村经济（7）：
43-45.

吕韬，曹有挥，2010. "时空接近"空间自相关模型构建及其应用：以长三角
区域经济差异分析为例 [J]. 地理研究，29（2）：351-360.

吕炜，张晓颖，王伟同，2015. 农机具购置补贴、农业生产效率与农村劳动力转
移 [J]. 中国农村经济，368（8）：24-34.

马歇尔，1965. 经济学原理 [M]. 朱志泰，译. 北京：商务印书馆.

毛惠忠，2005. 新阶段中国粮食问题研究 [M]. 北京：中国农业出版社.

农业部农业机械化管理司，2009. 农机跨区作业：农机社会化服务的成功模式
[J]. 中国农民合作社（3）：10.

潘文卿，李子奈，刘强，2011. 中国产业间的技术溢出效应：基于35个工业
部门的经验研究 [J]. 经济研究，46（7）：18-29.

彭超，张琛，2020. 农业机械化对农户粮食生产效率的影响 [J]. 华南农业大
学学报（社会科学版），19（5）：93-102.

彭代彦，2005. 农业机械化与粮食增产 [J]. 经济学家（3）：50-54.

彭代彦，文乐，2016. 农村劳动力老龄化、女性化降低了粮食生产效率吗：基
于随机前沿的南北方比较分析 [J]. 农业技术经济（2）：32-44.

彭继权，张利国，2020. 农业机械化对农户主粮种植面积的影响 [J]. 中国农业大学学报，25（9）：227-238.

彭澧丽，杨重玉，龙方，2011. 农业机械化对粮食生产能力影响的实证分析：以湖南省为例 [J]. 技术经济，30（1）：34-38.

戚世钧，牛彦绍，2000. 中国粮食生产潜力及未来粮食生产研究 [J]. 郑州粮食学院学报（1）：13-17.

乔世君，2004. 中国粮食生产技术效率的实证研究：随机前沿面生产函数的应用 [J]. 数理统计与管理（3）：11-16，64.

仇童伟，罗必良，2018. 种植结构"趋粮化"的动因何在？：基于农地产权与要素配置的作用机理及实证研究 [J]. 中国农村经济（2）：65-80.

仇叶. 2017. 小规模土地农业机械化的道路选择与实现机制：对基层内生机械服务市场的分析 [J]. 农业经济问题，38（2）：55-64.

任晓红，张宗益，2013. 交通基础设施、要素流动与城乡收入差距 [J]. 管理评论，25（2）：51-59.

萨缪尔森，诺德豪斯，1999. 经济学 [M]. 萧琛，等译. 北京：华夏出版社.

单姜宙，2019. 农机跨区作业，仍是最有价值的市场！[J]. 农机市场（7）：22-24.

舒尔茨，2006. 改造传统农业 [M]. 梁小民，译. 北京：商务印书馆.

斯密，2015. 国富论 [M]. 胡长明，译. 重庆：重庆出版社.

宋海英，姜长云，2015. 农户对农机社会化服务的选择研究：基于8省份小麦种植户的问卷调查 [J]. 农业技术经济（9）：27-36.

速水佑次郎，拉坦，2014. 农业发展：国际前景 [M]. 吴伟东，等译. 北京：商务印书馆.

孙洋，2009. 空间计量经济学模型的非嵌套检验方法及其应用 [D]. 北京：清华大学.

唐林，罗小锋，张俊飚，2021. 购买农业机械服务增加了农户收入吗：基于老龄化视角的检验 [J]. 农业技术经济（1）：46-60.

田富强，胡钢，池芳春，2006. 农村劳动力流动视野下的麦客研究 [J]. 安徽农业科学（10）：2297-2298.

田红宇，祝志勇，2018. 中国粮食生产效率及影响因素分析：基于DEA-Tobit两步法研究 [J]. 中国农业资源与区划，39（12）：161-168.

田红宇，祝志勇，刘魏，2016. 粮食"十一连增"期间生产区域格局的变化及成因 [J]. 华南农业大学学报（社会科学版），15（2）：90-101.

田甜，李隆玲，黄东，等，2015. 未来中国粮食增产将主要依靠什么？：基于粮食生产"十连增"的分析［J］. 中国农村经济（6）：13-22.

万宝瑞. 2014. 当前我国农业发展的趋势与建议［J］. 农业经济问题（4）：4-7.

汪希成，徐芳，2012. 我国粮食生产的区域变化特征与政策建议［J］. 财经科学（4）：80-88.

王劲峰，廖一兰，刘鑫，2010. 空间数据分析教程［M］. 北京：科学出版社.

王欧，杨进，2014. 农业补贴对中国农户粮食生产的影响［J］. 中国农村经济（5）：20-28.

王新利，赵琨，2014. 黑龙江省农业机械化水平对农业经济增长的影响研究［J］. 农业技术经济（6）：31-37.

王艳，周曙东，2014. 花生种植户机械化技术采纳行为实证分析［J］. 南京农业大学学报（社会科学版），14（5）：106-112.

王跃梅，姚先国，周明海，2013. 农村劳动力外流、区域差异与粮食生产［J］. 管理世界（11）：67-76.

王志刚，龚六堂，陈玉宇，2006. 地区间生产效率与全要素生产率增长率分解（1978—2003）［J］. 中国社会科学（2）：55-66，206.

王祖力，肖海峰，2008. 化肥施用对粮食产量增长的作用分析［J］. 农业经济问题（8）：65-68.

吴智豪，党敬淇，季晨，2020. 农业机械化对粮食生产的空间溢出效应：基于江苏省13个地级市的空间计量分析［J］. 中国农业大学学报，25（12）：184-199.

伍国勇，张启楠，张凡凡，2019. 中国粮食生产效率测度及其空间溢出效应［J］. 经济地理，39（9）：207-212.

伍骏骞，方师乐，李谷成，等，2017. 中国农业机械化水平对粮食产量的空间溢出效应分析：基于跨区作业的视角［J］. 中国农村经济（6）：44-57.

向国成，韩绍凤，2007. 分工与农业组织化演进：基于间接定价理论模型的分析［J］. 经济学（季刊）（2）：513-538.

谢建国，2006. 外商直接投资对中国的技术溢出：一个基于中国省区面板数据的研究［J］. 经济学（季刊），5（4）：1109-1128.

薛亮，2008. 从农业规模经营看中国特色农业现代化道路［J］. 农业经济问题（6）：4-9，110.

杨大伟，杨翠迎，孙月，2003. 农机跨区作业：加速我国农机化进程的战略选择［J］. 农机化研究（2）：20-22.

杨进，2015. 中国农业机械化服务与粮食生产 [D]. 杭州：浙江大学.

杨进，郭松，张晓波，2013. 农机跨区作业发展：以江苏沛县为例 [J]. 中国农机化学报，34（2）：14-19.

杨进，吴比，金松青，等，2018. 中国农业机械化发展对粮食播种面积的影响 [J]. 中国农村经济（3）：89-104.

杨进，钟甫宁，陈志钢，等，2016. 农村劳动力价格、人口结构变化对粮食种植结构的影响 [J]. 管理世界（1）：78-87.

杨敏丽，2003. 中国农业机械化与提高农业国际竞争力研究 [D]. 北京：中国农业大学.

杨敏丽，白人朴，刘敏，等，2005. 建设现代农业与农业机械化发展研究 [J]. 农业机械学报（7）：68-72.

杨小凯，张永生，2003. 新兴古典经济学与超边际分析 [M]. 北京：社会科学文献出版社.

杨印生，郭鸿鹏，2004. 农机作业委托的制度模式创新及发展对策 [J]. 中国农村经济（2）：68-71

杨印生，郭鸿鹏，谢鹏扬，2004. 农机作业委托对我国农业机械化发展的影响 [J]. 农业机械学报（3）：193-194.

杨印生，刘佩军，李宁，2006. 我国东北地区农业机械化发展的影响因素辨识及系统分析 [J]. 农业技术经济（5）：28-33.

杨重玉，2012. 农业自然灾害对粮食生产影响研究 [D]. 长沙：湖南农业大学.

姚监复，2000. 中国农业的规模经营与农业综合生产率：访华盛顿大学农村发展所徐孝白先生 [J]. 中国农业资源与区划（5）：22-24.

姚寿福，2004. 专业化与农业发展 [D]. 成都：西南财经大学.

姚增福，郑少锋，2010. 我国粮食主产区粮食生产技术效率进步与效率损失测度：基于随机前沿生产函数与省际数据分析 [J]. 电子科技大学学报（社会科学版）（6）：24-28.

易小燕，陈印军. 2010. 农户转入耕地及其"非粮化"种植行为与规模的影响因素分析：基于浙江、河北两省的农户调查数据 [J]. 中国农村观察（6）：2-10.

应瑞瑶，郑旭媛，2013. 资源禀赋、要素替代与农业生产经营方式转型：以苏、浙粮食生产为例 [J]. 农业经济问题，34（12）：15-24，110.

曾福生，高鸣，2012. 我国粮食生产效率核算及其影响因素分析：基于SBM-Tobit 模型二步法的实证研究 [J]. 农业技术经济（7）：63-70.

曾雅婷，李宾，吕亚荣，2018. 中国粮食生产技术效率区域差异及其影响因素：基于超越对数形式随机前沿生产函数的测度 [J]. 湖南农业大学学报（社会科学版），19（6）：13-21，36.

张博胜，杨子生，2020. 中国城镇化的农村减贫及其空间溢出效应：基于省级面板数据的空间计量分析 [J]. 地理研究，39（7）：1592-1608.

张海涛，2017. 丝绸之路经济带交通基础设施建设的空间效应研究 [D]. 长春：吉林大学.

张海鑫，杨钢桥，2012. 耕地细碎化及其对粮食生产技术效率的影响：基于超越对数随机前沿生产函数与农户微观数据 [J]. 资源科学，34（5）：903-910.

张露，罗必良，2018. 小农生产如何融入现代农业发展轨道？：来自中国小麦主产区的经验证据 [J]. 经济研究，53（12）：144-160.

张永礼，陆刚，武建章，2015. 基于 MIV 和 GA-BP 模型的农业机械化水平影响因素实证分析 [J]. 农业现代化研究，36（6）：1026-1031.

张宗毅，杜志雄，2015. 土地流转一定会导致"非粮化"吗？：基于全国 1740 个种植业家庭农场监测数据的实证分析 [J]. 经济学动态（9）：63-69.

张宗毅，杜志雄. 2018. 农业生产性服务决策的经济分析：以农机作业服务为例 [J]. 财贸经济，39（4）：146-160.

张宗毅，刘小伟，张萌，2014. 劳动力转移背景下农业机械化对粮食生产贡献研究 [J]. 农林经济管理学报，13（6）：595-603.

张宗毅，周曙东，曹光乔，等，2009. 我国中长期农机购置补贴需求研究 [J]. 农业经济问题，30（12）：34-41.

章磷，王春霞，2013. 人口、机械化与农村剩余劳动力流量研究：以大庆市为例 [J]. 农业技术经济（7）：27-33.

赵鑫，任金政，李书奎，等，2020. 农机作业服务能提升小麦生产技术效率吗？：基于 2007—2017 年省级面板数据的实证分析 [J]. 中国农业大学学报，25（11）：150-161.

赵映年，游天屹，吴昭雄，等，2014. 政府对农业机械化投资规模分析：以湖北省为例 [J]. 农业技术经济（5）：67-73.

郑旭媛，徐志刚，2017. 资源禀赋约束、要素替代与诱致性技术变迁：以中国粮食生产的机械化为例 [J]. 经济学（季刊），16（1）：45-66.

钟甫宁，陆五一，徐志刚，2016. 农村劳动力外出务工不利于粮食生产吗？：对农户要素替代与种植结构调整行为及约束条件的解析 [J]. 中国农村经济

（7）：36-47.

中共中央文献研究室，2004. 邓小平年谱：上 ［M］. 北京：中央文献出版社：641-642.

中国农业百科全书总委员会农业机械化卷委员会，1992. 中国农业百科全书：农业机械化卷 ［M］. 北京：农业出版社.

周布，2012. 非参数混合效应模型的正交化估计 ［D］. 上海：华东师范大学.

周晶，陈玉萍，阮冬燕，2013. 地形条件对农业机械化发展区域不平衡的影响：基于湖北省县级面板数据的实证分析 ［J］. 中国农村经济（9）：63-77.

周振，孔祥智，2019. 农业机械化对我国粮食产出的效果评价与政策方向 ［J］. 中国软科学（4）：20-32.

朱晶，李天祥，林大燕，等，2013. "九连增"后的思考：粮食内部结构调整的贡献及未来潜力分析 ［J］. 农业经济问题，34（11）：36-43，110-111.

ABELL M, CEDILLO P, 1999. Mechanization in Asia：statistics and principles for success ［J］. Agricultural mechanization in Asia, Africa and Latin America（4）：70-75.

AHMAD S, 1966. On the theory of induced invention ［J］. The economic journal, 76（302）：344-357.

ANSELIN L, 1989. What is special about spatial data? Alternative perspectives on spatial data analysis ［R］. Santa Barbara, CA：National Center for Geographic Information and Analysis.

ARROW K J, 1962. The economic implications of learning by doing ［J］. The review of economic studies. 29（3）：155-173.

AHITUV A, KIMHI A, 2002. Off-farm work and capital accumulation decisions of farmers over the life-cycle：the role of heterogeneity and state dependence ［J］. Journal of development economics, 68（2）：329-353.

BEER C, RIEDL A, 2012. Modelling spatial externalities in panel data：the spatial Durbin model revisited ［J］. Papers in regional science, 91（2）：299-318.

BENIN S, 2016. Impact of Ghana's agricultural mechanization services center program ［J］. Agricultural economics, 46（S1）：103-117.

BINSWANGER H P, 1986. Agricultural mechanization：a comparative historical perspective ［J］. The world bank research observer, 1（1）：27-56.

BLAREL B, HAZELL P, QUIGGIN P J, 1992. The economics of farm fragmentation：evidence from Ghana and Rwanda ［J］. The world bank economic review, 6（2）：

233-254.

CAMARENA E A, GRACIA C, SIXTO J M C, 2004. A mixed integer linear programming machinery selection model for multifarm systems [J]. Biosystems engineering, 87 (2): 145-154.

CHANCELLOR W J, 1971. Tractor contractor system in Southeast Asia and the suitability of imported agricultural machinery [J]. Kishida, Y. Agricultural Mech in South East Asia: 58-60.

CHAYANOV A V, 1967. The theory of peasant economy [M]. New York: Oxford University Press.

CHEN P C, MING-MIIN Y U, CHANG C C, et al., 2008. Total factor productivity growth in China's agricultural sector [J]. China economic review, 19 (4): 580-593.

COELLI T J, BATTESE G E, 1996. Identification of factors which influence the technical inefficiency of Indian farmers [J]. Australian journal of agricultural and resource economics, 40.

COLLIER P, DERCON S, 2014. African agriculture in 50 years: small holders in a rapidly changing world? [J]. World development, 63: 92-101.

DA CUNHA J P A R, FARNESE A C, OLIVET J J, et al., 2011. Spray deposition on soybean crop in aerial and ground application [J]. Engenharia agrícola, 31 (2): 343-351.

DEBREU G, 1951. The coefficient of resource utilization [J]. Econometrica, 19: 273-292.

DHEHIBI B, ALIMARI A, HADDAD N, et al., 2014. Technical efficiency and its determinants in food crop production: a case study of farms in West Bank, Palestine [J]. Journal of agricultural science & technology, 16 (4): 717-730.

ELHORST J P, 2014. Matlab software for spatial panels [J]. International regional science review, 37 (3): 389-405.

ELHORST J P, 2014. Spatial econometrics: from cross-sectional data to spatial panels [M]. Berlin: Springer.

ELHORST J P, 2010. Applied spatial econometrics: raising the bar [J]. Spatial economic analysis, 5 (1): 9-28.

FARRELL M J, 1957. The measurement of productive efficiency [J]. Journal of the royal statistical society, 120 (3): 253-290.

FUJITA M, KRUGMAN P, VENABLES J, 1999. The spatial economy: cities, regions and international trade [M]. Cambridge, Mass: MIT Press.

GEARY R C, 1954. The contiguity ratio and statistical mapping [J]. Incorporated statistician, 5 (3): 115-141.

GHOSH B K, 2010. Determinants of farm mechanization in modern agriculture: a case study of Burdwan Districts of West Bengal [J]. International journal of agricultural research, 5 (12): 1107-1115.

GOLLIN D, LAGAKOS D, WAUGH M E, 2014. Agricultural productivity differences across countries [J]. American economic review, 104 (104): 165-170.

GUO H, JI C, JIN S, et al., 2017. AAEA & WAEA Joint Meeting [C]. Agricultural and Applied Economics Association & Western Agricultural Economics Association.

GYANENDRA S, 2006. Estimation of a mechanization index and its impact on production and economic factors-a case study in India [J]. Biosystems engineering, 93 (1): 99-106.

HANSEN B E, 1999. Threshold effects in non-dynamic panels: estimation, testing, and inference [J]. Journal of econometrics, 93 (2): 345-368.

HAYAMI Y, RUTTAN V W, 1970. Factor prices and technical change in agricultural development: the United States and Japan, 1880-1960 [J]. Journal of political economy, 78 (5): 1115-1141.

HICKS J R, 1932. The theory of wages [M]. London: Macmillan.

HORMOZI M A, ASOODAR M A, ABDESHAHI A, 2012. Impact of mechanization on technical efficiency: a case study of rice farmers in Iran [J]. Procedia economics and finance, 1: 176-185.

HOUSSOU N, DIAO X, COSSAR F, et al., 2013. Agricultural mechanization in Ghana: Is specialized agricultural mechanization service provision a viable business model? [J]. American journal of agricultural economics, 95.

ITO J, 2010. Inter-regional difference of agricultural productivity in China: distinction between biochemical and machinery technology [J]. China economic review, 21 (3): 394-410.

JI Y Q, YU X H, ZHONG F N, 2011. Machinery investment decision and off-farm employment in rural China [J]. China economic review, 23 (1): 71-80.

KOOPMANS T C, 1951. An analysis of production as an efficient combination of activities [J]. Analysis of production and allocation.

KRISHNASRENI S, THONGSAWATWONG P, 2004. Status and trend of farm mechanization in Thailand [J]. Agricultural mechanization in Asia, Africa and Latin America (1): 59–66.

KRUGMAN P, 1991. Increasing returns and economic geography [J]. Journal of political economy, 99 (3): 483–499.

KRUGMAN P R, 1991. Geography and trade [M]. London: Cambridge Massachusetts Press.

KUROYANAGI T, 1982. Economic effects of government investment in farm mechanization Japanese experience [J]. Journal of the faculty of agriculture, 60 (4): 353–383.

LEE L F, YU J H, 2010. A spatial dynamic panel data model with both time and individual effects [J]. Econometric theory, 26 (2): 564–597.

LEIBENSTEIN H, 1966. Allocative efficiency vs. X-efficiency [J]. American economic review, 56 (3): 392–415.

LEIVA F R, MORRIS J, 2001. PH–Postharvest technology: mechanization and sustainability in arable farming in England [J]. Journal of agricultural engineering research, 79 (1): 81–90.

LESAGE J P, PACE R K, 2009. Introduction to spatial econometrics [M]. London: CRC Press.

LIPTON M, 1968. The theory of the optimising peasant [J]. The journal of development studies, 4 (3): 327–351.

LUCAS R E, 1988. On the mechanics of economic development [J]. Journal of monetary economics (22): 3–42.

MORAN P A P, 1950. Notes on continuous stochastic phenomena [J]. Biometrika, 37: 17–23.

MUNSHI K, 2004. Social learning in a heterogeneous population: technology diffusion in the Indian Green Revolution [J]. Journal of development economics, 73 (1): 185–213.

NEUMANN K, VERBURG P H, STEHFEST E, et al., 2010. The yield gap of global grain production: a spatial analysis [J]. Agricultural systems, 103 (5): 316–326.

NGUYEN T, CHENG E J, FINDLAY C, 1996. Land fragmentation and farm productivity in China in the 1990s [J]. China economic review, 7 (2): 169–180.

OTSUKA K, 2013. Food insecurity, income inequality, and the changing comparative advantage in world agriculture [J]. Agricultural economics, 44 (s1): 7-18.

PARKER W N, KLEIN J, 1966. Productivity growth in grain production in the United States, 1840-1960 and 1900-1910. Output, employment, and productivity in the United States after 1800. Studies in income and wealth [M]. New York: Columbia University Press: 12-27.

PENSON J B, ROMAIN R F J, HUGHES W, 1981. Net investment in farm tractors: an econometric analysis [J]. American journal of agricultural economics, 63 (4): 629-635.

PINGALI P, 2007. Agricultural mechanization: adoption patterns and economic impact [J]. Handbook of agricultural economics, 3 (18): 2779-2806.

POPKIN S, 1979. The rational peasant: the political economy of rural society in Vietnam [M]. Berkeley: University of California Press.

RAYNER A J, COWLING K, 1967. Demand for a durable input: an analysis of the United Kingdom market for farm tractors [J]. The review of economics and statistics, 49 (4): 590-598.

REDDING S, VENABLES A J, 2004. Economic geography and international inequality [J]. Anthony venables, 62 (1): 53-82.

ROGERS E, 1962. Diffusion of innovation [M]. New York: Free Press of Glencoe.

ROMER P M, 1986. Increasing returns and long-run growth [J]. Journal of political economy, 94 (5): 1002-1037.

RUTTAN V W, 2001. Technology, growth and development: an induced innovation perspective [M]. New York: Oxford University Press.

SCHERER F M, 1982. Inter-industry technology flows in the United States [J]. Research policy, 11 (4): 227-245.

SCOTT J C, 1977. The moral economy of the peasant: rebellion and subsistence in Southeast Asia [M]. New Haven: Yale University Press.

SHEPHARD R W, 1953. Cost and production functions [M]. Princeton: Princeton University Press.

SHEPHARD R W, 1970. The theory of cost and production functions [M]. Princeton: Princeton University Press.

YAO S J, LIU Z N, 1998. Determinants of grain production and technical efficiency in China [J]. Journal of Agricultural Economics, 49 (2): 171-184.

TAKESHIMA H, NIN-PRATT A, DIAO X, 2013. Mechanization and agricultural technology evolution, agricultural intensification in Sub-Saharan Africa: typology of agricultural mechanization in Nigeria [J]. American journal of agricultural economic, 95 (6), 1230-1236.

TAKIGAWA T, BAHALAYODHIN B, KOIKE M, et al, 2002. Development of the contract hire system for rice production in Thailand, 1: managerial aspects of contract hire system in Nong Pla Mor Village, Ratchaburi Province [J]. Journal of the Japanese society of agricultural machinery, 64: 51-59.

TOBLER W R, 1970. A computer movie simulating urban growth in the Detroit region [J]. Economic geography, 46 (2): 234-240.

TOBLER W R, 1979. Smooth pycnophylactic interpolation for geographical regions [J]. Journal of the American Statistical Association, 74 (367): 519-530.

VAN DEN BERG M M, HENGSDIJK H, WOLF J, et al., 2007. The impact of increasing farm size and mechanization on rural income and rice production in Zhejiang Province, China [J]. Agricultural systems, 94 (3): 841-850.

VENABLES J, 1996. Equilibrium location of vertical linked industries [J]. International economic review, 37 (2): 341-360.

WANDER A E, BIRNER R, WITTMER H, 2003. Can transaction cost economics explain the different contractual arrangements for the provinsion of agricultural machinery services? A case study of Brazilian State of Rio Grande do Sul [J]. Teoria e Evidencia Economica, Passo Fundo (11): 10-25.

WANG X, YAMAUCHI F, HUANG J, 2016. Rising wages, mechanization, and the substitution between capital and labor: evidence from small scale farm system in China [J]. Agricultural economics, 47 (3): 309-317.

WANG X, YAMAUCHI F, OTSUKA K, et al., 2016. Wage growth, landholding, and mechanization in Chinese agriculture [J]. World development, 86.

XU L, ZHANG Q, ZHOU A L, et al., 2013. Assessment of flood catastrophe risk for grain production at the provincial scale in China based on the BMM method [J]. Journal of integrative agriculture, 12 (12): 2310-2320.

YAMAUCHI F, 2016. Rising real wages, mechanization and growing advantage of large farms: evidence from Indonesia [J]. Food policy, 58: 62-69.

YANG J, HUANG Z, ZHANG X, et al., 2013. The rapid rise of cross-regional agricultural mechanization services in China [J]. American journal of agricultural economics, 95 (5): 1245-1251.

YOUNG A A, 1928. Increasing returns and economic progress [J]. Economic journal, 38 (152): 527-542.

ZHANG X, YANG J, THOMAS R, 2017. Mechanization outsourcing clusters and division of labor in Chinese agriculture [J]. China economic review, 43: 184-195.

后记

解决好 14 亿人口的吃饭问题，是我们最基本的国情、最根本的民生。改革开放以来，国家层面持续关注粮食安全，高度关注粮食生产，推出了大量政策、法规等以稳定粮食生产、促进粮食增产，使我国粮食综合生产能力大幅度提升。截至 2020 年底，我国粮食生产喜获"十七连丰"，粮食产量连续 9 年保持在 6 亿吨以上。但从历史来看，任何时刻对于粮食安全都不能放松警惕，尤其是在粮食生产形势一片大好的情况下，更应未雨绸缪，居安思危。

当前，在中国农业劳动力不断减少，资源、环境约束不断增强，全球新冠肺炎疫情造成的粮食进口难度增大的背景下，中国粮食供求在很长一段时间内都将始终处于"紧平衡"的状态。因此，保障国家粮食安全是一个永恒的课题，任何时候这根弦都不能松。

农业机械化程度是影响粮食生产的重要因素，对稳定粮食生产和提高粮食产量具有重要意义。在结合现实问题和科学问题的基础上，本书研究了不同粮食作物和不同地区农业机械化水平对粮食生产的影响差异。具体而言，本书探讨和实证研究了在农机跨区作业背景下农业机械化发展对粮食生产技术效率和粮食产量的空间溢出效应，研究了农业机械化发展对粮食播种面积的影响，相应得出了一些有意思的研究结论。然而，由于掌握的资料和数据有限，加上作者时间精力和能力的局限，本书无法反映农业机械化发展对粮食生产的影响的所有内容，尚有一些有价值的研究问题未能进行深入讨论。希望自己在未来的研究中能继续完善相关内容，为我国粮食安全贡献自己的应有之力。

在本书即将出版之际，我由衷地感谢四川省社会科学"中国粮食安全政策研究"重点研究基地给予的大力支持，感谢遂宁市蓬溪县农业农村局农机站为本书写作提供实地调研机会，同时感谢我的恩师汪希成和伍骏骞老师为本书的构思、写作以及修改提供了大量宝贵意见。感谢我的家人给予我的关心、支持和帮助。最后，谨以此书献给所有帮助过我的亲朋好友，祝大家身体安康、万事如意！

谢冬梅

2021 年 12 月